はじめに

コープさっぽろ CIO　長谷川秀樹

本書のキーワードを1つ挙げるとすれば「自動化」になるでしょう。

今まで多くの企業のシステムや業務フロー、働き方を見てきましたが、まだまだ自動化、オートメーション化できるところがたくさんあるという実感を持っています。

仕事には、本業のほか経費精算やその他もろもろの間接業務がたくさんあります。クラウドの時代になり、優れたＳａａＳ（ソフトウエア・アズ・ア・サービス）を有効活用すれば、もっと自動化を進め、本業に集中することができます。

近い将来、一人ひとりに秘書がつく――。

そう言うと驚かれる方もいるかもしれません。しかし、そういう時代は目と鼻の先まで近づいています。現状のテクノロジーですとまだ完全ではありませんが、方向性としては間違いないでしょう。

しかも、そのアシスタントは一人ひとりに合ったインターフェイスを選べます。話した言葉をそのまま入力してくれる音声入力を選ぶおじいちゃんもいれば、スマホのフリック入力を使う若者もいるでしょう。自分好みの秘書を選んで、一人ひとりに寄り添ってくれる自動化の時代がもうそこまで迫っています。

［本書の構成］

本書は2部構成となっています。

第1部はＳａａＳ時代の働き方について紹介しています。

第1章はこれから起きる近未来の働き方について、人気小説家の麻希一樹さんに短編小説を書きおろしてもらいました。自動化が進んでいる近未来の働き方や、生活のイメージを膨らませてもらいつつ、甘酸っぱいストーリーを楽しんでいただければと思います。

第2章～第4章は3人の著者がそれぞれの立場から、「ＤＸ」「働き方改革」「自動化」「ＳａａＳ」などをキーワードに、それぞれの企業や官公庁の事例を紹介しています。ただの理屈・理論だけでなく、実体験をベースに解説しているので、生々しいエピソードがふんだんに盛り込まれています。

第2部ではＳａａＳを「統合」し、業務フローの自動化をサポートする、シリコンバレー企業Workato（ワーカート）を紹介します。

第5章ではWorkatoがどんな会社か、どのようなサービスを展開しているのかについて紹介しています。

第6章、第7章は国内のＤＸ先進企業として、ＤｅＮＡ、Ridgelinezの2社のＤＸの事例を紹介しています。

第8章はWorkatoの創業者ヴィジェイ・テラ（Vijay Tella）にこれからのＤＸについてインタビューしました。

今本書に興味をもち、手に取っていただいた、社会の第一線で活躍しているビジネスパーソンの皆様に、本書はＳａａＳを使うのが当たり前になった今の時代に合わせた、業務フローを再構築するためのヒントをお届けします。

ENTS

はじめに 3

第1部 SaaS時代のDX

第1章 コーヒーとウクレレとDX ～SaaSを身近に感じる小説～ 麻希一樹 11

第2章 生産性を「爆上げ」する働き方DX コープさっぽろ CIO 長谷川秀樹 47

第3章 人生100年時代の働き方は「仕事を楽しむ」こと ファミリーマート CMO 足立光 71

第4章 デジタル後進国・日本の未来を変える働き方 ～要件定義ができない職員と業務を知らないエンジニアのギャップを埋めるアプローチ～ デジタル庁 ソリューションアーキテクト 大久保光伸 91

第2部 Workatoが変える働き方

第5章 SaaSの「統合」と「自動化」 113

第6章 DX企業の先進事例① DeNAのDX・SaaS活用術 131

第7章 DX企業の先進事例② DXコンサルから見た働き方改革 ～Ridgelinezの事例～ 141

第8章 Workatoビジョン ヴィジェイ・テラ（Workato創業者・CEO）インタビュー 157

おわりに 174

CONT

第1部

SaaS時代のDX

第1章

コーヒーとウクレレとDX

〜SaaSを身近に感じる小説〜

吉岡春花《よしおかはるか》の一日は、一杯のコーヒーから始まる。

といっても、朝から豆を挽いてコーヒーを淹れるような、優雅で丁寧な生活は送っていない。前日にセット予約しておいたコーヒーマシンが起床時間の七時半に合わせて、自動でコーヒーを淹れてくれるのだ。

社会人になって、早五年。最近ではそれが朝のルーティンになったせいか、パブロフの犬のごとく、コーヒーの香りをかぐと自然に目が覚めて、お腹が減るようになった。

果たして、それがいいことなのかどうかはわからないけれど、今日も春花はコーヒーのおかげで愛しいベッドに別れを告げ、時間通りに起きることができた。

そしていつものように「これも自動化できればいいのに」とこぼしながら、トーストを自分の手で焼いて、好物のブルーベリージャムをたっぷり塗る。

一人暮らし用の座卓に座った春花は、トーストをかじりながらスマホに手を伸ばした。主の目覚めを待っていたかのように、今日もスマホにはその日の体調と勤務場所を尋ねるメッセージが届いている。

正直、眠い。できれば、あと一時間くらい寝たい。

しかし残念ながら、海外ドラマの見過ぎによる睡眠不足は体調不良に含まれないため、春花は眠気覚ましのコーヒーを一口飲んでから、「良好」のボタンを押した。ついでに今日は人と会う約束があるので、出社を選択する。すると、間髪入れずに会社周辺の天気や交通情報が送られてきた。

今日は最高気温が二十三度の秋晴れ。これだけ暖かければ、前々から気になっていたアイスを休憩時間に買って食べても寒くならずに済む。

うん、今日はいい日だ。

それから交通情報は……春花はスマホの画面をスクロールして、思わず「うわぁー」とうめいた。

前言撤回。今日はやっぱりいい日にならない。朝から中央線が止まっているなんて！

迂回路を使う場合には、会社の最寄り駅まで一時間近くかかると、追加で送られてきた情報が教えてくれる。

九時半からのミーティングに出席するためには、今すぐ家を出ないと間に合わない！

春花は残りのトーストをコーヒーで胃に流し込むと、素早く身支度を調えた。

最後にスマホをカバンにつっこんで家を出ようとする。そのとき、ピコンという音が鳴った。

「あっ！　席の予約！」

春花の会社ではフリーアドレス制を採用している関係で、出社を選択した場合には、その日の座席を選ばなくてはならない。そのことを忘れていると、アシスタントボットから「早く選べ」と催促するメッセージが送られてくるのだ。

悪いけど、今はスマホを開いている余裕がない。

電車が出るまで、あと十分！

春花は大急ぎで駅まで走って行って、来た電車に飛び乗ると、荒くなった息が落ち着くのを待って、ようやくスマホを開いた。

今日は気温が二十三度まで上がるそうだし、窓際の席に座っていたら、うっかりうたた寝をしてしまいそうだ。それでは仕事にならない。

春花はあえて自分に厳しく、オフィスの奥まった場所にある席を予約すると、今度はスマホに送られてきた本日の予定を確認し始めた。

そうやって車内でできることをしているうちに、春花を乗せた電車は会社の最寄り駅に着いていた。

「吉岡さん、おはよう。ミーティングぎりぎりに出社するなんてめずらしいね」

春花が会社のエレベータに飛び乗ったのは、ミーティング開始のわずか五分前。上がった息を整えながら声のした方を向くと、サバサバした印象の美女がニコッと笑いかけてきた。

彼女は春花の二つ先輩で、営業部所属の夏木莉奈《なつきりな》だ。昨年まで春花と同じ企画部にいたが、その人なつこい性格を買われて営業部へ異動になった。

「夏木先輩、おはようございます。今朝、起きたら中央線が止まっていて……。すぐに迂回路の情報が送られてきたんで助かりましたけど、焦りました」

「ああ、それって最近DX推進室が入れたボットだよね。私もこの前、お客さんのところへ行くときに電車が遅れてさ、あれに助けられたわ。ああいうの、便利でいいよね」

莉奈の言葉に、春花は心の底から「うんうん」と同意した。

今朝はすぐに電車の遅延と迂回路を教えてもらえたからよかったものの、何も知らずにボーッと朝ご飯を食べていたら、どうなっていたことか。

電車に乗る直前で遅延に気づき、駅で右往左往しているうちにミーティングの開始時刻になっていたなんて笑えない。いくらリモートワークの進んだ会社でも、さすがに駅のホームからZoomミーティングに参加したら、白い目で見られるだろう。

春花が嫌な想像に顔をしかめているうちに、エレベータが会社のある七階で止まった。

「じゃあ吉岡さん、またね。今度一緒にランチでもしましょう」

「はい、ぜひ」

ヒラヒラと手を振る莉奈に会釈をしてから、春花も予約していた席に向かった。そのまま流れるような動作でPCを起動し、DMに送られてきたZoomのリンクを開く。春花は内心で「ぎゃっ!」と叫んだ。

約束の九時半には間に合ったものの、一番下端の自分が最後だ。PC画面には、春花と同じ企画チーム所属の四人がすでに映っていた。

「高橋《たかはし》、もしかしてまた日に焼けたか? もう十月だっていうのに、小麦色の肌が目にまぶしいな」

春花を待っている間、みんなで雑談をしていたのだろう。春花の上司が、高橋と呼んだ三十代半ばの部下に向かってからかうような声を上げた。一方の高橋も、照れたように笑いながら頰をたたいている。

「やっぱり画面越しでも日焼けしたってわかります？　これでも一応スキンケアをしたんですけど……。この間、うっかり帽子を忘れて畑の手入れをしていたら、結構黒くなっちゃって」

「今の時期でも、紀伊半島は日差しが強いんだな。繁忙期はこれからだろう？」

「はい。すみませんが、ミカンの収穫期は今年も有休を取らせてもらいます」

「OK。その間のフォローはしておくから、今年もおいしいミカンを送ってくれよ！」

　上司の言葉に、チームの皆も去年高橋からもらったミカンの味を思い出したのだろう。画面越しに和気藹々《わきあいあい》とした雰囲気になる。春花もつられてフフッと笑った。

　春花がこのチームに配属されてから三年。この穏やかな雰囲気は、皆でミーティングや

飲み会を重ねるうちに少しずつ作られていったものだ。

ただし、すべてオンラインで。

実のところ、春花は対面で高橋に会ったことがまだ一度もなかった。

高橋の実家は和歌山でミカン農家をやっているのだが、春花の入社前に父が倒れ、母一人では手が回らなくなってしまったという。そこで、高橋が会社を辞めて実家に戻るかどうか悩んでいたところ、DX推進室の天岡美雪《あまおかみゆき》から「会社も農家も両方続けられる方法があるわよ」とアドバイスされたらしい。

今では、高橋は実家のある和歌山からリモートで会社の仕事をこなしている。そして休日や収穫期には、高橋自身もミカン農家に変身するのだ。

春花もこのチームに配属されたばかりの頃は、「対面ゼロで本当に大丈夫?」と心配していた。何も知らなかったあの頃が、今となってはなつかしい。

「じゃあ吉岡さんも来たことだし、そろそろミーティングを始めようか」

上司の言葉に、春花はハッとして姿勢を正した。途端に場の空気が引き締まったのが画面越しでもわかる。

普段和気藹々としていても、やるべきことはきちんとやらなければ。

「じゃあ、ここから録画開始でいいよな?」

上司の問いかけに皆がうなずき、PC画面に現れた承認ボタンを各自で押す。

春花はコホンと咳払いをして、チームの面々に向かい合った。

「皆さん、お待たせしてしまい、申し訳ございません。現在開発中の商品について、モニター終了後のフィードバックが届きましたので、今日はその報告をさせていただきます。資料は事前にGoogleドライブで共有した通り……」

春花のよどみない説明に、チームの皆が真剣な様子で耳を傾けている。

その後、商品の改善点について議論するうちに、時間は飛ぶように過ぎていった。


それから二時間後。

ミーティングを終え、さらに社内での細々《こまごま》とした作業も済ませた春花は一杯のコーヒーを片手に、充実した気持ちで自分の席に戻ってきた。

春花も皆も自社の商品に誇りを持っているおかげで、議論は有意義なものになった。Googleドライブを開けば、その過程を文字の形で確認できる。

それは、会議主催者の上司が事前に「文字起こし」の設定をしておいた結果だった。春花の会社では、このように文字起こしツールを利用することで自動的に議事録の作成と保存が行われ、業務の時間短縮が図られている。

春花はGoogleドライブに保存されている文字起こしの内容をざっと確認して、肩の力を抜いた。

我が社で使っている文字起こしツールは、今日も変わらず優秀だ。いくつか修正の必要な箇所はあるものの、たいした量ではない。それらは発言者が言いよどんだり、かぶせて発言したりした部分だった。

「えーと」とか「いや、でも」とかいう発言は、そこまで正確に記録しなくても問題ないだろう。このくらいの分量なら、お昼前に修正を終えられる。

春花は残りのコーヒーを飲み干すと、発言が曖昧な部分の補完をして、改めて議事録を保存し直した。

次はそのファイルを要約ツールにかけて、午前の仕事は完了。ランチ休憩が終わる頃には、白熱した議論もキュッと短くまとめられていることだろう。

あとはその要約内容を確認して、Googleドライブにアップすればいい。そうすれば、会社の上役たちが手の空いた時間に各部署の仕事内容を把握できるという仕組みだ。

今日も朝からいい仕事をしたと思って、要約ツールの実行ボタンを押す。まさにそのとき、ピコンという電子音が鳴って、PC画面の端にポップアップが現れた。

「え、ウソ！　もうそんな時間？」

春花は自分の目と体内時計を疑った。ポップアップには「十五分後に瑛斗とランチ」と書かれている。

生田瑛斗《いくたえいと》は、春花の大学の同級生だ。今日は彼が仕事で会社の近くまで来るというので、一緒にランチする約束をしていた。それが、今日春花が出社した目的の一つでもあったのだが……。

春花はわずかにためらった末にPCを閉じた。

もうちょっと仕事をしたい気もするけれど、瑛斗を待たせては悪いし、連続稼働をしていると、今度はヘルスケアボットから「休め」と文句を言われてしまう。ちょうど今がきりのよいところだ。

春花はカバンから取り出したリップを唇に塗ると、財布とスマホだけ持って席を立った。その耳に、再びピコンという電子音が届いた。

自分のスマホかと思って、とっさにポケットに手をつっこむ。しかし、違った。隣席のPCに、営業ボットからのポップアップが表示されているのが見えた。

「初回訪問から二週間が過ぎたので、そろそろフォローした方がいいのでは？」

とボットに注意されている。

それを見たPCの持ち主は「しまった！」と叫んで、スマホを手に取った。電話で訪問のアポイントメントを取るつもりなのだろう。営業は大変だ。

春花は今日だけの隣人に向かって「お疲れ様」と心中で声をかけると、自分はエレベータに向かって足早に歩いて行った。

穏やかな秋の日差しが差し込む店内に、軽快なウクレレの音楽が流れている。

待ち合わせのハワイアンカフェに着いた春花は、おしゃれな空間の一角に待ち人の姿を見つけて、一瞬「うっ」とひるんだ。

暗い。まるですべての光を呑み込むブラックホールのように、その一角だけ空気がどんより沈んでいる。その源には、ゾンビのようにげっそりした顔つきの瑛斗が座っていた。

「あ、えっと……瑛斗、久し振り。なんかやつれた？」

春花がためらいがちに声をかけると、気づいた瑛斗が生気のない顔を上げて弱々しく微笑んだ。

「ああ、春花。久し振り。最近ちょっと疲れてるもんでさ……。今日は忙しい中、時間を作ってくれてありがとう。俺、春花に相談したいことがあって」

「え、何？」

この底抜けに暗い雰囲気からして、まさか大学の同級生に何かあったのだろうか。思わず緊張する春花に向かって、瑛斗は深々としたため息と共に告げた。

「実は俺、社内のDX推進室に配属されたんだ」

「……おめでとう？　それって、瑛斗の能力が会社で認められたってことだよね？」

深刻な話かと思いきや、まさか昇進の報告？

器用にも眉をひそめながら手をたたく春花を見て、瑛斗がますます暗い顔つきになる。

「DX推進室って聞こえはいいけど、うちの会社ではかなりヤバい部署なんだ」

「ヤバいって……あ、もしかして激務で帰れなくなるの？」

「それもあるけど、それ以前にうちの会社、上役がIT音痴ばかりで大変なんだよ」

「いつもZoomで音声接続がうまくできないとか？」

春花としては、自分の会社でよく見かけるトラブルを引き合いに出したつもりだった。しかし、その例を聞いた瑛斗は、なぜか衝撃を受けた顔つきで固まってしまった。

「瑛斗、どうしたの？」

「いや、春花の会社とうちでは産業革命の前後くらいに差があるんだと思って……。うちではこの間、Zoom会議でどこが上座かもめた末に、『やっぱり対面が一番』という結論に達したレベルなんだよ」

「え……」

なんだ、その猿山の序列決めみたいな世界は。

「Zoom会議って、画面越しに参加者の顔が見えていれば十分じゃないの？」

「俺もそう思うよ。でも、ダメなんだって。しかもこの間、Slackをトライアルで導入したら、チャットでも必ず冒頭に宛名と所属と挨拶文を書いて、重要な案件はメールで再送しろって言われて……」

なるほど。そんなビジネス・チャットの良さを台無しにする指示を出され続けたら、精根尽き果ててゾンビのようにもなるだろう。

「おまけに、俺の上司は会議のたびに資料をプリントアウトしろって言ってくるし……」

「え？　別にPCの画面を見ていれば、紙はいらなくない？」

「そのPCが問題なんだよ。俺たちが遊ぶと思ってんのか、会議中はPCもスマホも禁止！　便利なクラウドサービスの導入を提案しても、セキュリティが不安だからってトライアルもさせてもらえないし、そもそも上司がクラウドサービスの仕組みを理解できていないせいで、『そこにそんな金をかける必要があるのか』って言われるし……」

「うわぁー。確かに、そこまでDXに理解のない会社でDX推進室に配属されるのはきついわ」

瑛斗はよほど鬱憤《うっぷん》が溜まっているのだろう。この世の終わりのような表情で頭をかきむしる彼に、春花は心の底から同情した。そのときだった。

「ちょっと、お嬢さん。何を他人事みたいに話してるの？」

後ろから急に話しかけられ、春花はビクッと肩を震わせた。振り向くと、そこには快活そうな顔をしたアラフォーの女性が立っていた。

「天岡さん！　どうしてこちらに？」

「会社の近くでランチを食べようとしたら、なんか見知った顔が気になる話をしてたものだから、ついスルーできなくて。ごめんね」

天岡は口では謝りつつも、隠しきれない好奇の視線を瑛斗に向けている。反対に瑛斗が胡乱《うろん》げな眼差しを返しているのを見て、春花は慌てた。

「瑛斗、こちらはうちの会社でDX推進室の自動化担当をしている天岡美雪さん。前に社内イベントでご一緒してから、仲良くしてもらってるんだ」

「どうも、天岡です。君は春花ちゃんの友達？　うちの会社の人じゃないですよね？」

「あ、はい。僕は春花の大学の友人で、生田瑛斗と申します。A社に勤めていまして、先日DX推進室に配属されたばかりなんです」

「あー、A社さんかぁ……」

瑛斗の自己紹介を聞いた途端、天岡が同情した顔つきになった。

「A社さんの役員、デジタルに抵抗ありそうな感じですよね。うちのときみたいに、DXの導入に苦労しそう」

「うちのときみたいに？」

春花は思わず耳を疑った。春花の会社は、DXが相当進んでいる方だと思う。それが、就活時に入社を希望する決め手の一つにもなったのだが。

「あ、春花ちゃんは知らないか」

首をかしげている春花を見て、天岡が苦笑する。

「入社五年目なら、当時のことを知らなくて当然だよね。うちの会社も、大月CIOがDXを推し進めるまでは大変だったんだから。例えばほら、春花ちゃんが普段から使ってる文字起こしツールや要約ツール、あれっていつ頃導入されたものか知ってる?」

「え、ずっと前からあるんじゃ……」

「ううん、うちで使い始めたのは、ほんの七年前からだよ。それまで重要な会議は録音を聞きながら、全部手作業で議事録を作成してたんだから」

「ウソ……」

午前中のミーティングを思い出す。あの内容をすべて手動で文字起こしするのだ。それも毎回、定期的に。……考えるだけでゾッとする。

怪談を聞いた時より青ざめた春花を前にして、天岡が肩をすくめた。

「全部本当にあった怖い話よ。DXが進む前は、うちの会社も仕事の下準備にばかり時間を取られて、本題にたどり着く頃にはすっかり疲れ果てている……なんてことも、しょっちゅうだったんだから」

「御社では、どうやってその状況からＤＸを進められたのですか？　もしよろしければ、詳細をお伺いできないでしょうか？」

興味を持った瑛斗が、天岡に向かいの席を勧める。

「せっかくのランチなのに、私が邪魔しちゃっていいの？」

天岡は、春花と瑛斗の関係を勘違いしているのかもしれない。気遣わしげな視線を向けてくるが、それは心配無用というものだ。友達の瑛斗とはまたいつでも会えるし、春花としても今は自社のＤＸに興味がある。

春花が瑛斗と一緒になって「お願いします」と言うと、天岡は少しためらいつつも春花の隣に腰掛け、コホンと咳払いをした。

「えー、では僭越ながら不肖天岡、弊社のＤＸ推進の経緯についてお話しさせていただきます」


時を遡ること約十年。天岡たち領民《社員》は、リモートワークのない荒涼とした世界《会社》に生きていた。

インフルエンザが蔓延し、社員が次々と倒れていく中でも「対面でないと伝わらないものがある」と言って譲らず、会議の予定を調整させる上役たち。

Googleドライブを導入したものの、ＩＴ音痴の上司がどこにファイルを保存したか忘れたせいで、会議前にかけられた捜索の号令。

さらに子どもが熱を出した日には泣く泣くお迎えに行き、あとから帰ってきた配偶者とバトンタッチをしてから再び会社に戻ってくる子育て世代の社員たち。

このように過酷な状況下で、天岡は離婚してシングル・マザーになった。二歳になったばかりの息子は、一人でお留守番のできる年齢ではない。天岡は保育園のお迎えの時間になると、たとえ仕事が残っていても同僚にペコペコと頭を下げて帰宅した。そして子どもが

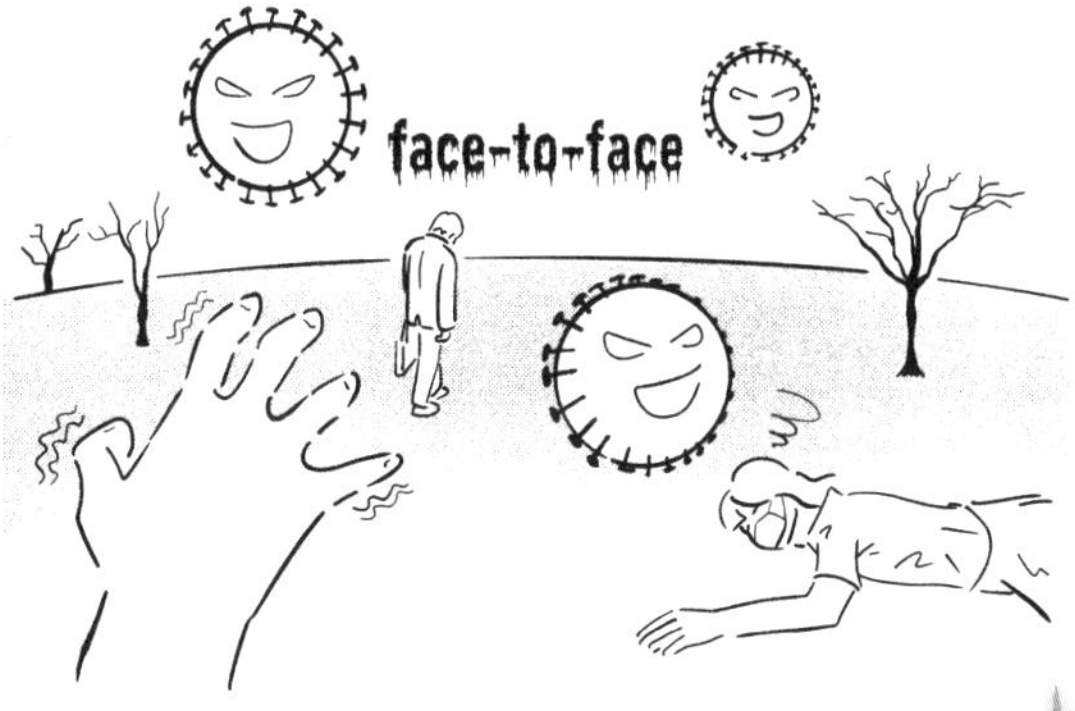

体調を崩した日には、同僚に仕事を託して会社を休まざるをえなかった。

最初の頃こそ「子育て頑張ってね」と応援してくれた同僚たちも、そんなことが二年も続くと、次第に厳しい視線を天岡に向けてくるようになった。

せめて家に仕事を持ち帰れたら、こんな肩身の狭い思いをせずに済むのに……！


普段前向きな天岡もさすがに精神的にこたえて子どもに優しくできず、そのせいでさらに落ち込むという悪循環の輪にはまってしまった。

そんな頃のことだった。苦しむ社員たちのもとに、大月圭一《おおつきけいいち》ＣＩＯが勇者のごとく颯爽と現れたのは。

天岡の会社のＣＥＯは、世の流れが加速度的にデジタルに移行していることを察して、このままではいけないと感じたらしい。そこで、高校の後輩でＩＴ企業に勤めていた大月をＣＩＯとして自社に召喚し、ＤＸを推進する決意を固めた。

このお触れに、天岡たち子育て世代は一縷《いちる》の希望を見いだした。

ＤＸが進んでリモートワークが可能になれば、家事や育児と仕事の両立が楽になる！

なんとしてもDXを成功させるため、天岡は一大決心をして、一領民《社員》から斥候《まとめ役》へのジョブチェンジを申し出た。DX推進室の配属となって、若手社員の意見をまとめて大月に伝えたり、社内で事前に根回しをしたりする役を自ら買って出たのだ。

大月は天岡たち部下の意見によく耳を傾け、様々なツールの活用を提案してくれた。しかしいくらCEOの後ろ盾があったとしても、外部から突然やって来たCIOの意見に、皆が即座に従ったわけではない。ITの苦手な抵抗勢力は確かに存在した。

人は自分の理解が及ばない新技術に対して、特に強い不信感と抵抗感を覚えるらしい。渋る役員たちを相手に、それでも大月は根気強く応戦し続けた。Slackのようなコミュニケーションツールを導入する際には「皆さん、LINEを使っているでしょう？　それなら、Slackにもすぐに慣れますよ」と言い放ち、ツールの信頼性に疑問を持つ役員に対しては、「大手の〇〇社も使っています」という殺し文句を使って、さながら伝説の剣で魔王軍を圧倒する勇者のごとく、反対派をバッサバッサと説得していった。

そんな大月のやり方に反感を覚える者たちも当然いた。だが、複数のシステムを連携して業務の自動化を実現するiＰａａＳを導入したことで、風向きが変わった。すべてが自動化され連携された環境に一度慣れてしまうと、もう過去には戻れなくなったのだ。

もともとオープンな気質のＣＥＯが経営している会社のことだ。「無駄な雑務を減らして、本来の仕事に集中できる環境作りのためには投資を惜しまない」と彼が宣言したあとの変化は特に早かった。

天岡たちＤＸ推進室の人間は大手を振ってトライ＆エラーを繰り返しつつ、様々なツールを積極的に導入していった。

そして気づけばたったの二年で、古参の六十を超える役員たちですら日常的にSlackやボットを使うようになっていた。あれほど対面の会議を愛していた役員でさえ、最近は「腰痛がひどいので」などと言い訳をしながら、いそいそとリモート会議を活用している始末だ。

「大月ＣＩＯ、このご恩は決して忘れません」

天岡たちは劇的なＩＴ環境の向上を涙ながらに喜び、大月のために祝宴を催そうとした。だが、彼は「悪い。金曜の夜は娘と一緒に過ごす約束をしているんだ」と笑いながら言って、定時で帰って行った。

鋭い舌鋒を持ち、会社のＤＸ推進を断行した男こそ、実は誰よりも強く定時退社を望む、家族思いの存在であったのだ。

「というわけで、今のうちのＩＴ環境は昔からあったものじゃなくて、大月ＣＩＯを中心に皆で勝ち取ったものなのよ」

天岡が胸を張ってニッと笑う。その力強く誇らしげな様子から、春花は彼女が「天岡アマゾネス」の二つ名で呼ばれていることを思い出した。

なるほど。会社の皆がその名で呼びたくなる気持ちもわかる。コミュ力の高い天岡は、大月ＣＩＯの陰でＤＸ推進の根回しに尽力し、活躍したのだろう。

「天岡さんも大月さんもすごいですね。うちの会社、そんなことできるかなぁ……」

瑛斗は天岡の体験談を聞いたことで、自分の仕事にますます不安を覚えたらしい。運ばれてきたエッグベネディクトに手をつけることもなく、静かに落ち込んでいる。そんな彼に向けて、天岡はチッチッと指を横に振った。

「甘いわね、生田くん。そこは『できるかなぁ』じゃなくて、やるのよ。特に将来、気になる人と結婚したいのであれば、会社のDXは絶対に推進しておいた方がいいわ」

「え、どうしてですか？」

「だって考えてもみてよ。残業続きで帰ってこない男と結婚したがる女がどれだけいると思う？　春花ちゃんみたいに女の方の仕事が充実していたら、なおさらよ」

「………………」

瑛斗が再びゾンビに戻ったような暗い表情で沈む。

春花は、内心で天岡の発言に共感していた。少なくとも自分だったら、リモートワークができないせいで家事や育児を妻に任せっきりの男と結婚したいとは思わない。

「生田くん、頑張って。春花ちゃんも日常業務の中で何か困ったことがあったら、いつでも相談してね。最近は便利なiPaaSが登場したことで、昔みたいに複雑なコードを書かなくても業務支援をしてくれるツールを簡単に見つけたり、カスタマイズしたりできるようになったから。自分に合ったツールを活用できれば、面倒な雑務もすぐに終えられるわ。その分、余った時間で他のもっと大切な仕事をしたり、プライベートを充実させたりする方がいいでしょう?」

「そうですね、ありがとうございます。何か気になることが出てきたら、そのときはぜひご相談させてください」

「うん、もちろんよ!」

天岡は春花の言葉に「よしよし」とうなずくと、ウェイターが持ってきたチーズバーガーをペロリと平らげて、颯爽とカフェをあとにした。

天岡は春花より八歳上だ。八年後の自分はまだ想像できないけれど、少しでも天岡のように自信を持って仕事を楽しめるようになっていたいと願う。

「悪い、春花。俺もそろそろ会社に戻るよ」

ぼんやりポキ丼を食べている春花の向かいで、瑛斗がそう言って残りのエッグベネディクトを平らげ、席を立った。

「え、もう帰るの?」

「ああ。天岡さんの話を聞いて、俺もやる気が出てきた! うちの会社もDXの推進を頑張るから、その……待ってて」

「………？　うん、頑張って」

なぜ自分が瑛斗の会社のＤＸを待つ必要があるのだろう？　彼が照れた顔をしている理由が春花にはわからなかったが、やる気が出たのはいいことだ。

それから瑛斗は「今度夕飯をおごるから、春花の会社のＤＸについてもっと詳しく教えてほしい」と言って、次に春花と会う約束をするやいなや、さっきまでのゾンビのような顔つきがウソのように、急にやる気のみなぎった様子で自分の会社に戻って行った。

一方の春花はというと、のんびりポキ丼を食べたあとも少し時間が余ったため、前々から気になっていたスイートポテトのアイスをコンビニに探しに行くことにした。

春花が会社に戻ってＰＣを開くと、午前中にオーダーしたミーティングの要約ができあがっていた。あれだけ白熱した議論が八つの要点に絞られ、Ａ４一枚にすっきりまとめられている。

春花はその内容に目を通して、「ほぅ」と感嘆の吐息をついた。ＡＩを活用した要約ツールは優秀で、悔しいけれど、春花が自分で要約するよりもはるかに良い出来な気がする。

もし十年前に入社していたら、こういった要約も自分の仕事だったのかと考えると、恐怖しかない。DXの進んだ時代に入社できて、本当によかった。

現在の恵まれた環境に感謝しながら、要約をGoogleドライブにアップして共有する。それから春花は会社と連携しているAmazonビジネスのページをブラウザで立ち上げ、リモートワーク用のLEDライトを探し始めた。

春花の自宅では、ほんわかした暖色系のシーリングライトを使っているのだが、それだと明るさが足りないのか、Zoom会議中によく「顔色が悪いよ」と指摘されるのだ。普通に元気なときに体調の心配をされるのは、さすがに忍びない。

春花はAmazonでお手頃価格のリングライトを見つけると、購入申請のボタンを押した。問題がなければ、次のZoom会議までに承認が下りて、手元に届くだろう。そのZoom会議でも顔色の悪さを指摘されるようなら、そのときは潔く健康診断を受けた方がいいかもしれない。

そんなことを考えながら、春花は次にアシスタントボットを立ち上げて有給休暇の申請を行った。昨夜、デトックス効果が高いことで有名な温泉宿のＨＰを見ていたら、偶然一泊分の空きを見つけたのだ。普段なかなか予約が取れないことで有名な宿だけに、来月の休みは死守したい。

春花がGoogleドライブ上で自分のカレンダーを開くと、指定した日にちゃんと「休暇」マークが反映されていた。ついでに、今年度はすでに有休を十二日取得していて、残りは八日だと、ボットがポップアップで教えてくれる。

今度行く温泉が良かったら、残りの有休を使ってリピートするのもいいかもしれない。こういう楽しいご褒美があれば、仕事も頑張れる。

春花は実に晴れやかな気分で、仕事のメールにテキパキと返信をしていった。

だが、人間の集中力には限界がある。窓際

の席は危ないと思って避けたものの、それでも穏やかな秋の午後は睡魔の手先となって、春花を眠りの世界へ引きずり込もうとしている。

今眠れたら、どんなに気持ちいいだろう。でも、ダメだ。

春花は眠気覚ましのガムを口に放り込んで、メールの続きを書いた。そして送信ボタンを押した、まさにそのとき、ピコンと音を立てて画面にポップアップが表示された。

それを読んだ春花は「ですよねー」としか言い様がなかった。「タイプミスが増えてきたから、少し休め」とヘルスケアボットが注意を促してきたのだ。

時計を見ると、もうすぐ三時になろうとしている。休憩を挟むにはちょうどよい頃合いだ。

春花はあくびをかみ殺しながら席を立つと、さっき買ってきたスイートポテトのカップアイスを冷凍庫から取り出して、休憩室に向かった。

春花が休憩室に着いたとき、そこには先輩の夏木莉奈が先客としていた。

今朝エレベータで会ったときは元気いっぱいの様子だったが、何かよほど疲れる案件でもあったのだろうか。今は妙にしなびた様子でバランスボールの上に座り、ぼんやりスマホをいじっている。

「夏木先輩、お疲れ様です」

春花が近づいて声をかけると、莉奈は少し面倒そうに顔を上げた。その視線が春花の手元に釘付けになる。

「夏木先輩？」

「吉岡さん、それ！　この間インスタでバズってたアイスだよね？　いいなー。どこで買ったの？」

「近くのコンビニにありましたよ。会社周辺は意外と穴場みたいです。もしよかったら、一口食べますか？」

「え、いいの？　わーい！　ありがとう！」

顔を輝かせた莉奈が、先ほどまでの緩慢な動きがウソのような素早さで給湯室へ飛んでいき、スプーンを持って帰ってくる。彼女が黄金色に輝くアイスを一口すくって食べた瞬間、その顔に「幸せ」の二文字がくっきり浮かんで見えた気がした。

「あー、サツマイモとクリームの組み合わせって、どうしてこんなにおいしいんだろう？　生き返るわー」

「お疲れのようですけど、何かあったんですか？」

「あ、わかる？　さっきまとめて一カ月分の交通費を申請したら、なんだかやたらと疲れちゃって……。まぁ、申請をずっと面倒がって溜め続けていた私も悪いんだけど」

莉奈の説明に、春花は納得した。春花の会社では、交通費の申請をするのに日付・出発地・目的地・交通費をいちいち手で入力する必要があるため、結構面倒なのだ。

「一回だけの申請ならいいですけど、夏木先輩みたいに外回りの多い人は大変ですよね」

「そうなの、わかってくれる？　外に行くのはいいけど、交通費の入力作業は誰かがやってくれたらいいのに」

莉奈が鬱屈《うっくつ》とした気持ちを表現するように、バランスボールの上でポンポン跳ねる。

彼女はそれからすぐに「お客さんのところに行く時間だから」と言って、休憩室を出て行った。この様子だと、今日もまた交通費の申請を溜めることだろう。

交通費の申請なんて、仕事のために必要な下準備の最たる例だ。そんなことに時間と労力を費やすのはもったいない。もっと楽ができたらいいのに。

春花はアイスを食べながら、ぼんやり天岡のことを思い出した。彼女は「日常業務の中で何か困ったことがあったら、いつでも相談してね」と言っていた。あの言葉がお世辞でないなら、今がそのタイミングかもしれない。


その後、自分の席に戻った春花が天岡にDMを送ると、すぐにZoomリンク付きのDMが返ってきて、一時間後にオンラインで会話をすることになった。

春花の話に天岡は「ふむふむ」とうなずき、心の底から共感した顔つきで「なるほどね」と相づちを打った。

「外回りの多い社員が、その都度、手入力で交通費の申請をするのは面倒よね。私はほとんど社外に出ることがないから、盲点だったわ」

「はい。私のチームも基本Zoom会議が多いので、夏木先輩に言われるまで問題に気づきませんでした。例えばですけど、GPSで社員の移動を追跡して、自動で交通費を計算するようなボットを作れないでしょうか?」

「いやいや、それはプライバシーの面でさすがにまずいでしょ!」

春花としては一番効率のいいやり方を提案したつもりだったが、言われてみれば、確かにいろいろまずい気がする。しかし、それならどうしたらいいのだろう？

画面越しにしょんぼりうなだれた春花を見て、天岡が「あ、でも待って」と言った。

「春花ちゃんの提案にあった自動検知の方は使えるかも」

「GPSを使わずに行き先を検知できるんですか？」

「そう！」

眉をひそめた春花に向かって、天岡が自信満々にうなずく。

「外回りに出るときって、自分のスケジュールに行き先を指定するでしょう？ボットにその目的地を読み込ませて、そこから経路の検出と交通費の計算を自動で出せるようにすれば」

「あっ！　私たちはボットの作成した内容を確認して、申請ボタンを押すだけでいいんですね？」

「そう！　面倒な入力作業とは、これでおさらばよ！」

天岡が実に生き生きとした表情で手をたたく。

まだボットの話をしただけで、何かを達成できたわけではない。それでも春花は気持ちが明るくなるのを感じた。

今までは便利なツールが身近にあるのが当たり前で、何も考えずにそれらを利用して仕事をしていた。だけど、それで終わりではない。自分のアイデア次第で、こうやって新しいツールを作ることにも貢献できるのだ。

それは春花が初めて体験した充足感だった。そのウキウキした空気が画面越しに伝わったのか、天岡も嬉しそうに笑っている。

「それにしても春花ちゃん、ランチのあと、すぐ私に相談してくるなんて」

「あの、図々しかったでしょうか?」

「ううん、その反対。発見した問題をすぐに報告してくれて助かるわ。今後も便利なツールをたくさん作って使って、時間短縮! 面倒な作業を極力減らして、余った時間を有効活用しましょう!」

「はい!」

今日は朝から中央線が止まっていたせいで、嫌な一日だと思っていた。

だけど、終わりよければすべてよし。一日の終わりに嬉しい言葉をもらえて、春花は自然と笑顔になった。

それから二週間後、春花の会社では交通費申請ボットの実装実験が行われた。その評判は上々で、企画を立てた春花は外回りの多い営業職から感謝され、莉奈からお礼の高級チョコレートまでプレゼントされた。

一方、自社のDX推進室に配属された瑛斗は、壁にぶち当たるたびに春花と天岡に相談をしに来るようになり、それがきっかけで春花との距離を少しずつ縮めていった。

その後、この二人はつき合うことになって、天岡から「DXカップル」の名で呼ばれるようになるのだが、それはまた別の話だ。

第2章

生産性を「爆上げ」する働き方DX

長谷川 秀樹
コープさっぽろ CIO

今、ＤＸ（デジタルトランスフォーメーション）という言葉がさまざまなところで使われています。私はデジタルを使った業務改革、これがＤＸだととらえています。

日本で「生産性向上」と言えば、いまだに〝気合い〟と〝努力〟と〝残業〟だ、と考える企業が多いように感じています。でも、私はテクノロジーの力をうまく使って、気持ちよく仕事を進めながら、生産性も上げていく、そういう働き方を広めていきたいと考えています。それでは、現在、私が働き方の理想形としてイメージしているものから、お話しします。

基本的には「Slack」のようなビジネスコミュニケーションツールをＡＩ（人工知能）アシスタント的に活用していくだけで、自動的に社内の基幹システムとデータ連携し、業務のほとんどが進んでいく、そういうイメージです。

今はまだ、自分のほうから、社内のいろいろなシステムにアクセスし、それぞれのインタフェースに合わせて業務を行うことのほうが圧倒的に多いです。しかし、これからはさまざまな基幹システムのデータ連携を自動に処理してくれるプラットフォームを活用することで、Slack上だけで業務が完了する、そんな世界になっていくのが自然な流れだろうと考えています。

例えば経費精算について言うと、これまで多くの組織では、経費で飲食し、領収書を受け取っていたものの、月末までの精算処理を忘れてしまい、翌月、慌てて、経理に頼み込んで精算してもらう、というようなことが珍しくないと思います。

私は、そんな無駄な手間をなくしたいから、法人クレジットカードと会社の経理システムを連動させて、事務処理の遅れや不備があれば、システム側から言ってくるような仕組みをつくりましょうと、これまで関わった組織で言ってきました。

接待をして法人クレジットカードで決済すると、2、3日後にSlackから「○月○日、A店で、××××円使っているが、これ何?」、「誰と飲んだの?」という問いかけがあって、「B商事の◆◆◆◆常務と、○人で飲みました」というのを返すと、それで経費精算処理が完了する。接待当日に領収書をもらわなくてもいいし、AIアシスタントが自動で経費処理に動いてくれる。そんなイメージです。

営業サポートについても、同じような考えです。

営業支援システムでは、まず「初回訪問、A社○○さんと面談、製品説明」といった内容を入力することが多いわけですが、基幹システム同士のデータ連携ができていれば、「A商事に行ってからもう10日経っている」、「メールも送っていないし、何の連絡もしていない。2回目のフォローが必要です」と、アラートを立ち上げることができます。

これまでにも、先方への訪問やメールでフォローした際にそのアクション経過を入力するルールにしていれば、一定期間を過ぎても、その後のアクションがないときに、アラートが立ち上がるという仕組みのＳａａＳ（ソフトウエア・アズ・ア・サービス）はありました。しかし、アラートの発効後に、メールを打ったかどうかの自動フォローまではできません。

それに対し、Workato（ワークァト／システムのデータ連携を自動に処理してくれるプラットフォームの1つ）のようなプラットフォームがあれば、メールアドレスから「○月○日、××さん宛てにメールを打っている」ことがわかるので、営業支援システムからわざわざ「メールフォローしましたよ」と入力していなくとも、フォローのアクションのある・なしがわかります。しばらくフォローがなければ、アラートが立ち上がります。さすがに携帯電話でのフォローまではキャッチできないにしても、データ連携により、その人がいま何を、どこまでやっているのか、がほぼリアルタイムにわかるわけです。

また、労働時間のコントロールも事前に対応できます。

月当たりの残業時間の上限が30時間と決まっているとして、月頭にもう上限を超えそうというようなときには「ちょっと働きすぎ。今月の残りは、定時帰宅してください」といった内容のメッセージを表示させることも容易です。

働き方ＤＸの４つのステップ

こうした働き方をサポートしてくれるのがＤＸですが、それを実践するための私の持論があります。それは、「一軒家を建てる時のように、土台づくりからしっかりとやっておく」ということです。具体的には、次の4つのステップを踏んでいく必要があると考えています。

●STEP1：テクノロジーインフラの整備

データセンター、ネットワーク、デバイス、セキュリティ

PPAP、GCPWなど

●STEP2：コミュニケーションインフラの整備

Slack、Google Workspace

シェアードドキュメントコミュニケーション

●STEP3：アプリケーションインフラの整備

AppSheet、Workato、SmartHR、カオナビ、クラウドサイン

kickflow、Zapier、AWS開発環境など

●STEP4：アプリケーション（システム）の整備

私がこういう話をすると「うちには立派な基幹システムが入っているから、STEP4から始めれば大丈夫だ」と言う人が少なくありません。しかし、私の目から見ると、その

ほとんどがSTEP1~3をクリアできていません。残念ながら、それが日本企業の現実だろう、と思っています。

それでは、DX実現のための4つのSTEPについて詳しくお話ししていきましょう。

STEP1はDXの土台づくりです。

まず、ネットワーク、セキュリティの環境を、閉域網、企業内に閉じたものから、オープンなものにしていくという、テクノロジーインフラの整備になります。一般家庭でも使っているようなオープンなインターネット環境で、ネットワークやデバイス、セキュリティなどが、ストレスなく使えるように変えていきます。この部分がスイスイいくというのがポイントです。

次が、STEP2コミュニケーションインフラの整備です。

実は、事務系のホワイトカラーの人たちがシステムに直接触れている時間はほとんどありません。彼らの仕事というのは、大半が、見積もりなどの計算をしたり、携帯で連絡をとったり、資料を作成したり、会議に参加したり、その他、さまざまなコミュニケーションに使っている時間なのです。

仕事上のコミュニケーションには、稟議を回すというノンバーバル（口頭で指示しない）なものも含まれます。広い意味でいえば、ホワイトカラーの仕事のほとんどがコミュニケーションといってもいいくらいだと思います。とくに本社部門で働いている人たちは、プラントを建てる、店舗を出す、といったように、多くの人を巻き込む進捗管理が仕事の多くを占めるわけですが、そのためのコミュニケーションに関わる業務の生産性を向上できなければ、DXとは呼べないと思います。

DXで会議を変える

私は、DXを実践するためのコミュニケーションには、3つのチャンネルがあると考えています。

例えば経営会議の場で、紙の資料をもとに進行していたのを従来のコミュニケーションスタイルだとすると、フェイス・トゥ・フェイスでも、オンラインでも、口頭でのコミュニケーションです。まずこれが一つ目のチャンネル。それなら、DXに関係なくやっていたじゃないかと言うかもしれませんが、これまでと違うのが、会議の場で使うドキュメントは紙に印刷したものではなく、オンライン上でデジタルドキュメントになっている点です。

経営会議では、通常、まず事務局から「第1号議案の説明お願いします」と口火を切ると、提案者が10分ぐらいしゃべり、その後に審議に入り、各役員が討議を始める。非常に直列的なやり方になっています。

それに対して、私が考えているＤＸ流の会議では、「第1号議案の説明お願いします」と言った後に提案者が説明をしている間にも、オンラインツールのコメント機能を使って、「これはどういう意味？」、「この数字の根拠は？」といった質問を、出席の役員がどんどん打っていき、説明が終わったときには、あらかた質問事項がでそろっています。

提案者のほうも説明中にどんどん入ってくる質問に対し、その場で打ち返してもいいし、ひととおり説明を終えてから口頭で回答してもかまいません。

このデジタルドキュメントのコメント機能による、目視のコミュニケーション、これが2チャンネル目です。

そして3チャンネル目が、Slackなどのチームコミュニケーションツールの活用になります。

会議（オンライン、リアルを問わず）と並行してSlackで別の打ち合わせを進めることも可能です。部下から例えば「このプロジェクトこんな進め方でいいですか？」という確認があれば、会議をしているその場から「ＯＫ。わかりました」などと打ち返したりする。

今までであれば、いったん会議に入ってしまうと、目の前の会議での口頭によるコミュニケーションしか基本的には成立しませんでした。しかし、ＤＸの世界では、そのほかに、会議の進行と並行したドキュメントコミュニケーション、Slack活用による別プロジェクトに関するコミュニケーション、の合計三層を機能させることが可能です。この三層を同時に使って仕事を進められれば、生産性を飛躍的に高めることができます。

資料の作り方もDXの世界では変わります。

これまで部下に資料作成を依頼するといった場合、「どれぐらいでできるの?」「まあ1週間ぐらいですかね」「わかりました」といったやり取りがあって、約束の1週間後に出てきたものが「全然違うじゃないか」みたいなことになり、そこで「やり直し」を命じ、結局、狙い通りの資料ができあがるまでには、そこからさらに時間がかかる、ということが日常的にありました。

DXの世界になると、まず、上司と部下、どちらが書いてもいいように、まっさらなドキュメントをクラウド上で共有しておきます。そこから3時間とか4時間ぐらい経ったら、上司はチラリとその中を見る。アウトラインにズレがなければそのままでいいし、違うものになっていたら、その時点でコメント機能やSlackを使って「方向性が違う。アウトラインはこんな感じで」という指示を出しておく。今までのように約束の1週間後に初めて内容確認というのではなく、ちょっとした隙間時間を使ってオンラインでドラフトを共有していれば、それだけでも1週間後の状況はまったく違ったものになります。

コミュニケーションインフラの整備というのは、こういうことを可能にするものなのです。

ここまでの環境が整ってようやく、STEP3、STEP4のシステムやアプリケーションの整備を考えることができます。

ここでもDX流の手順があります。

まず「クラウドサービスでやれるところはやろうよ」というのが第1段階。

それでも「自分たち独自のやり方があるんだよ」というところには、「kintone（キントーン）」や「AppSheet（アップシート）」といった「ゼロからプログラミングしなくてもシステムを構築できるツールを使いましょう」が第2段階。

もっとオリジナルのものをとなったら、AWS（Amazon Web Service）などで「スクラッチ（既存のパッケージやツールを使わずに、一からシステムを開発する手法）で作っていこう」、こういう順番になるでしょうか。

DXの成功条件：コープさっぽろの事例

ところで、DXは言葉が先行して、その実態がわかりにくいと言われます。DXと言いながらも、その実、システムの入れ替えや新しいデジタルツールの導入にしか見えなかったりもしますが、「パソコンが1人1台になってペーパーレス化が進み、スマホやタブレットの支給でいつでもどこでもインターネットにつながっている」、この環境と、本当のDXはどこが違うのか。

私の頭のなかでは、「Cドライブ」での仕事にとどまっているデジタル化と、クラウド上で仕事をしているデジタル化という明確な違いがあります。インターネットを使ってパソコンで仕事をしている点では同じですが、生産性という点で圧倒的な差が生まれてくると考えています。

現在私は、コープさっぽろのCIO（最高情報責任者）として、DX実現のサポートをしています。

コープさっぽろは、設立から50年以上経ち、売上規模3000億円という国内有数の生活協同組合です。生協というと、古い体質の組織を思い描いてしまうかもしれませんが、大見英明さんという先見性のある理事長がいらして、実は2009年時点で、すでにオープン環境でGメールを使っていました。

それでは、ここからは、少し、コープさっぽろのDXへの取り組みについて話していこうと思います。

DXを始めるには、まず、次の3つの条件が必要だと私は考えています。

一つ目が、経営トップの明確な意思。DXは全社施策ですから、社員に対し、トップ自らが「そういうことだ」と、はっきりと示す必要があります。二番目が「ＤＸの答えを知っている」、「どうなれば成功なのか」をわかっている人材の招へい。そして、「その答えを組織内に伝播させていく」人です。

コープさっぽろには、このピースがそろっていました。

明確な意思を示すトップ（＝理事長）は、もちろん、大見さん。「答えがわかっている人」というのは、私や早稲田大学ビジネススクール教授で、コープさっぽろでは民間企業の社外取締役に当たる有識者理事でもある入山章栄さん、そして「展開していく人」として、執行役員最高デジタル責任者（ＣＤＯ）デジタル推進本部長の対馬慶貞さんがいました。

ただここで覚えておいてほしいのは、３つのピースのもとで、どう組織内でＤＸを展開していくのが効果的か、これだけやっておけばいい、という明確なティップスがあるわけではないということです。

そこはやはり、企業なり組織なりで、考えていくことが重要で、コープさっぽろで言えば、対馬さんの主導により、みんながそろっている場で「おおー」っていうようなことを、何度も体験していったということが大きかったと思います。

例えば、実は中身はSlackやGoogle Documentなど、業務のデジタル化を進めるためのツールの説明会なんですが、『手戻りなく効率よく、気持ちよくやる会議の説明会』と題した会議を招集して、初っ端から「はーい皆さん、グーグルドキュメントを開いて。じゃあ、○○○について課題と思うことを、書き込みましょう」なんていうことを始めるわけです。

長々と入力する人もいれば、3行で終わる人もいる。自分の考えを整理していると、その間にも、目の前にあるモニター上のドキュメントにテキストがどんどん書き込まれていき、中には「こういう考えもあるのか」「私はこう思うけどな」などと、自分の脳みその中を他人と共有しながら、まとまった文章で自身の考えを書き込む人もいる。

シエアドドキュメンテーション（クラウド上に共有のドキュメントスペースを作成し、共有メンバーで業務を行う）のリアル体験ということなのですが、実際にみんなでやってみると「おおー」って思うんです。

これまでのやり方で、同じような会議を持とうとすると、まず「○○○について各部の課題を洗い出してください」というキックオフミーティングを開き、少し時間をあけて、その内容を持ち寄り、「ああでもない、こうでもない」と議論をする場を設ける。茶々をいれるだけの人も少なからずいます。そしてそこでの内容は議事録として後日、関係者で共有される。ペーパーが配られるケースもあれば、メール添付で回すということもあるでしょう。

どちらが早く仕事が進んでいくかは、明らかです。

「唐揚げ事件!」を解決

コープさっぽろには、DXの効果を体感できたエピソードがいくつもあります。「唐揚げ事件!」もそのひとつです。

あるとき、揚げると黒く焦げてしまうような唐揚げ材料のロットが出てしまったことがありました。108店舗への配送をすぐに止めなければなりません。しかも特売としてチラシに入れていた商品ですから、急いで正規品の手当てをする必要がありました。

以前であれば、まずバイヤーが地域スーパーバイザーに電話を入れ、次に地域スーパーバイザーが店舗1件ごとに連絡して事情を話す、という流れになるわけです。しかも、1回の電話ではつながらないこともありますし、店としては正規のロットがいつ配送されるのかを確認するのが急務ですから、その問い合わせがガンガン入ります。これまでどおりの連絡方法では、たいへんな修羅場になっていたはずです。

ところが、いち早くSlack上に、バイヤー、地域スーパーバイザー、108店舗をメンバーとする「デリカ部チャンネル」をつくっていたので、異変に気付いたバイヤーがSlack上でこの連絡を入れるとメンバーに一気に伝わり、その後の対応に混乱をきたすこともなく、この日の特売品として唐揚げをお客様に提供することができました。Slackを利用することで、従来なら大事件につながるようなトラブルでも、混乱なく収拾、解決することができたのです。

コープさっぽろにおいて、こうしたエピソードは、あげていけばキリがありません。

Cドライブからの脱却

DXを考えるうえで、ひとつ、重要な流れがあります。

普通に生活している人たちが日常的に使っているテクノロジーの方が、ある面、企業が活用しているものより、はるかに使いやすく、進んでいるということです。

例えば情報の探し方。日常の生活の中では、まず「ググる」でしょう。関連情報にヒットしたらリンク先へ飛び、ひととおり読んだら、その下に表示されている関連記事や関連情報のリンクを踏んでいく。「ググる」と「リンクを踏む」、この繰り返しだけで、おおよそ必要な情報は発見することができます。

ところが企業内では、未だに自分のパソコンのCドライブ内のフォルダーを一生懸命探す人もいれば、都度都度メールでドキュメントのやり取りをしていたり、しかも最新のデータだと思っていたら別の人が内容を更新していたり、はなはだ無駄の多いやり取りがはびこっているように感じています。

私は、企業でも、個人の世界と同じように、検索とリンクを踏むだけで仕事を完了できるようにしないといけないと思っていて、コープさっぽろでは、それが、ごく普通のこととして実践できています。

共有カレンダーに会議資料のリンクが貼ってあって、会議のメンバーはそこから内容を確認できるし、書き込みもできるようになっています。だから資料の中身をどんどん進化させることができるし、リンクを踏み直せば、つねに最新のものにたどりつく。検索が必要になるのは、自分が書いたドラフトを探すときだけです。

経営トップの覚悟で決まる

日本の企業では、それまで営業畑一筋だった販売課長が、人事ローテーションにより、情報システム部長になるということがあります。

こういう場合、ベンダーのほうが圧倒的に事情に詳しいわけですから、ベンダーの担当者から「DXは、そういうものなんですよ」と言われたら、新任の情報システム部長は「そうなんですか」と下手に出るしかないんです。

でも、そうはいってもDXは、そもそも業務の変革を伴うものですから、これまでの延長で簡単に実践できるものではありません。ですから、いま、既存リソースのまま「DX○○」と名前を付けた新組織を作っている企業は相当ありますが、それで本当にDXが進んでいるのだとしたら、何もしなくてもDXを実践できる土壌があった会社だと思います。

実は、DXにおける社内課題は、それなりの規模の会社であれば、経営企画畑の人が、しっかりまとめていたりします。しかも面白いことに、どこもかしこも、中に書いてあることは、ほぼ同じという印象があります。なぜかというと、事前にコンサルタントを入れていたりするわけで、DXを進めるうえでの課題の把握はできているんです。でも、それにもかかわらず、実行フェーズになかなか移れない。

これ、〝日本人あるある〟なんですが、「担当して失敗したら、もう出世できなくなる」、そういった理由も大きいんじゃないかと思います。

加えて、DXは業務〝改革〟ですから、だれがやっても成功するという甘いものではありません。相当の覚悟で臨まなければ、〝改革〟は実現できません。

そうしたことも踏まえて、私は、DXを推進するには、やはり、外部の知見を入れることが重要だと思っています。

内側の物差ししか持ってない人だけで組織をつくっても、結局のところ、私がここまで言ってきたようなDXは始まりません。業務改革とテクノロジーがわかる人を、現場リーダーとして持ってくる必要があると思います。

そのうえで、外部に人材を求める場合のアドバイスとして、経営トップがその人のスポンサーになってあげるということがあります。いままでと違うことを進めるための人材として入社するわけですから、ちょっとしたことで社内から反発を買うことも少なくありません。ですから「あの人の言うことは、みんなでやってみようじゃないか」というトップの後押しがないと、ものごとは進んでいきません。

企業側トップの力量次第で、ＤＸがうまく進むかどうかが決まる。そこは、すごく重要だと思っています。

ＤＸを進めるに際し、多くの組織で、大きな改善、変化が求められます。当然ながら、そのためのリスクはまったくのゼロではありません。

よく聞く話ですが、上司や経営幹部にＤＸ化の提案をする際に、発生確率の非常に低いようなリスク（例えばクラウドが止まった場合、業務がいっさいできなくなる）を丁寧に説明してしまい、それを聞かされた上司が、些細なことでも心配になって、先に進めるのをためらってしまうということがあります。

ＤＸを進めようという提案なのに、これでは説明の意味が全くありません。

私の個人的な考えですが、不要な不安を掻き立ててしまうリスクの説明はダマって（黙って）いてもいいんじゃないか、と思います。また、本気でＤＸを実践したいのであれば、上司をダマす（騙す）くらいの強い気持ちがなければ、前には進まないと思っています。

この2つのダマを、私はＤＸ実践のための〝ダマ攻撃〟と呼んでいます。これから、いろんな人たちに広めていこうかと考えているところです。

組織の垣根を超えるデジタル空間での議論

なんだかんだいって、日本の企業には、いまだに縦割りのところが多いように思います。Slackでコミュニケーションチャンネルを立てるときにも、会社組織と同じように縦割りでつくってしまいがちです。でも、これがダメだと言うつもりはまったくなくて、仮に「情報システム部チャンネル」というのがあったとして、その中に参加できる人、内容を確認できる人に縛りをかけない、というのが、ＤＸを進めるうえで重要だと思います。

部門は違うけれど、社内システムに関心をもっている人、実はセキュリティにすごく詳しい人、新システムが導入されたら大きく影響を受けそうな部門の人……、こうした人たちが部門や組織の垣根を超えて、自由に議論できるようにしておく。もし自分に関係がなくなったと思えば、はずれればいい。関心があるチャンネルがいくつもあれば、それぞれにノックインするのも、本人の自由。議論には直接参加しないで、内容を見ているだけでもいいんです。

このデジタル空間内の議論だけで、本格的に何かを決めるということはできないにしても、社内の意思決定のスピードアップにはプラスに働きます。また、こうした場が社内的にオープンに運営されていれば、後々、「あの部署だけで勝手に決めたことだから」とか「俺たちは聞いてないぞ」とゴネることもできなくなるでしょうし、会社として正式に決まったことなのに「なぜか物事がなかなか進まない」といった、バカげたこともなくなるんじゃないでしょうか。

こうしたことはDXだからこそ、可能になるのです。

リアルの会議で同じようなことをやろうとしても無理があります。「Cドライブ」でのデジタル化にとどまっているところでも同様です。

優秀な人が圧倒的にパフォーマンスを発揮できる時代に

DXの時代は、今までは直列でしか進まなかった業務が並列に処理できるようになります。能力の高い人はものすごく生産性を上げることが可能です。つまり、これからはその人の能力次第で、仕事の成果にすごい差が出てくる、そういう時代になっていくのだと思っています。

ですから、これからとくに大変になるのは部下を抱える人たちです。DXにより〝超並列処理〟という武器が与えられるわけですが、自分自身が超並列に頭を回転させていろいろな決断ができなければ、その武器を生かすことはできません。反対に、パフォーマンスが高い人であればあるほど、より高い生産性を生み出すことができるわけです。

実際、私の周りにも、まるで分身でもいるかのように時間を上手に使いながら、超並列でいくつもの大型プロジェクトを回している人がいます。彼には残業なんてありえない。定時を過ぎれば、会社でその姿を見かけることはありません。こんな話が当たり前になるのがDXのもつ本来の力だと思います。

第3章

人生100年時代の働き方は「仕事を楽しむ」こと

足立光
ファミリーマート CMO

国や会社で異なるマーケティングの役割

始めに少し自己紹介をさせていただきます。私は、30年強、サラリーマンをやってきました。

最初に入った会社（プロクター&ギャンブル社：P&G）ではマーケティング部に配属され、20代半ばには、ブランドマネージャーをしていました。

ブランドマネージャーというのは、そのブランドに関する全責任を負う役職で、担当ブランドに関する、マーケティングの4P（Product：製品、Price：価格、Promotion：販促、Place：流通）のほぼすべてを見なくてはなりません。売上から製造原価、販促、利益まで全部見るということを当たり前にやっていたので、20代で、マーケティング部門の仕事というのはこういうものだと、肌感で覚えました。

その後、接着技術、ビューティーケア、ランドリー&ホームケアの3つの事業を世界中で展開するヘンケルグループのビューティーケア部門で日本の社長・会長を務めたほか、日本マクドナルドではCMO（チーフ・マーケティング・オフィサー：最高マーケティング責任者）としてマーケティングに関わってきました。

マクドナルドは典型的なアメリカの会社らしく、「販売する」ための機能・組織として、マーケティングと営業（店舗）が両輪、とされています。どんなに効果的なマーケティングを実施して来店客数を増やしたとしても、店舗での体験が満足できなければ、再来店にはつながりません。また、どんなに美味しい商品があっても、素晴らしい店舗の運営をしていても、そのことが広く知られなければ集客にはつながりません。ですから、マーケティングの責任者として、営業と二人三脚で一生懸命、V字回復に取り組みました。

コンセプト先行型の「40%増量作戦」

現在は、ファミリーマートでCMOをしています。正式な責任範囲としては、販促・広告を含むコミュニケーション全般なのですが、経営者を長くやっていたこともあり、またマーケティングは「4P」のすべてと信じているので、販促・広告だけではなく、お客さまがファミリーマートと接するすべての部分を見ていきたいと思っていますし、いろんな分野に越境して影響を与えていこうと、行動しています。

日本の流通業の場合、まず商品部が販売する商品を開発し、その商品の販促を企画・実行するのがマーケティング部という体制が多いと思います。いわゆる、プロダクト先行型のやり方ですね。そのような施策もあっていいと思いますが、逆にマーケティング部門が「こんなコンセプトで販促展開したらどうでしょう」というプランを出して、それを商品部に具体化してもらう、いわゆるコンセプト先行型のキャンペーンがあってもいいと考え、昨年（2021年）から、このような取り組みをずいぶん増やしてきました。ファミリーマートが21年と22年に実施した「40％増量作戦」などは、このコンセプト先行型の企画のひとつです。

「40％増量」の企画では、いくつかの別のカテゴリーの商品、つまりは商品部の担当者が違う商品がありました。それをカテゴリーの枠を飛び越えて、同じキャンペーンとして展開したわけで、まさにコンセプト先行型だったわけです。

コロナ禍で変わったこと、変わらなかったこと

さて、本題の「働き方」について話を戻します。これからの働き方を考えたときに、私は3つの軸があると考えています。

まずひとつ目は、「自己責任」、2つ目が「複業（兼業）」、そして3つ目が「生涯現役」です。順番に説明します。

コロナ禍に入る前から、働き方やスタイルが変わってきたという話はよく出ていました。例えばIT業界では、かなり前から、自由なオフィスで、Tシャツにジーンズみたいなラフなスタイルで、従来の日本の会社イメージからすると、ずいぶん違うスタイルでした。このスタイルが業界関係なく広がりを見せ始めたタイミングで、新型コロナの感染拡大が

大きな騒ぎになり、否応なしに、リモートワークの方向に向かい始めました。

結果的に、多くの企業でどんどんリモート対応が進み、実際、ヤフーやＮＴＴのような大企業で「日本全国どこから勤務してもＯＫ」というような働き方を認めているところも出始めました。こうした大企業の動きはメディア等で大々的に報じられ、それにより世の中の流れがリモートワークに向かっていると考えている人は少なくないと思います。ただし、これはコロナ禍によって変わったということではなく、以前からあった流れが加速しただけだと自分は考えています。

例えばGoogleでは、コロナ以前から同じオフィス内にいても会議はオンラインで参加、ということを普通にやっていました。自分が以前に勤めていたNiantic（ナイアンティック）でも、海外と仕事をすることが多かったこともあり、ほとんどの会議はリモートでした。要は、ＩＴ系、外資系、それから一部の大企業では、すでにコロナ前からリモートワークを導入していたわけです。それがコロナによって、規模や業界に関係なく、リモートが推奨され、実際に多くの企業で「意外と（リモートでも）やれる、できる」とわかり、広がっていったということだと思います。

また、今回のコロナでも働き方は依然として何も変わっていないわけです。加えて、日本の労働人口の多くを占めているのは、観光業や、土木・電気・ガス・通信・運送といったインフラ系、それに飲食業で、そこに携わっている人は物理的にリモートで仕事はできません。リモートワーク中でも家のそばのスーパーやコンビニで買うことができた弁当やおにぎりは、誰かがどこかの工場で作ったものです。このように絶対にリモートになりえない仕事に従事している方が、たくさんいらっしゃるのです。

「（コロナ前後で）働き方がガラッと変わった、それで自分の生活も変わり、果ては世界までもが変わってしまった」、ということが言われることがありますが、よく考えると、そこまでの変化があったのは、あくまでも、IT、外資系、大企業などの一部の企業や業界だけであり、今回のコロナ禍でも、実質、ほとんど変わっていない世界の方が日本のマジョリティーだと自分は考えています。

ただ一方で、IT、外資系、大企業の一部では、これまでと働き方が大きく変わったのは事実です。ということは、今回のコロナでの働き方の変化というのは、働き方に関する選択肢が増えた、つまりは自分自身の選択・意思決定がより重要な時代になった、ということに尽きます。言い方を変えれば、もし自分自身に「こんな働き方をしたい」という理想や希望があれば、それに合う働き方をできるような会社や業界に動くことで、それが実現できるようになったのです。会社や業界に不平不満を言うのではなく、自分自身で選択をすることで状況を大きく変えることができる、「自己責任」がより重要な時代になった、とも言えるでしょう。

複業（兼業）が当たり前になる

2つ目が複業（兼業）です。結論から言うと、複業（兼業）は今後も増えていかざるをえないと思います。

複業（兼業）も、リモート同様、以前からありました。例えば昼間は美容室で働いて、夜は飲食店で働くというような、時間を切り売りしての複業（兼業）は前から普通にあったし、これからもなくなることはないでしょう。

政府が推奨していることもあり、そのような「時間を売る」かたちの複業（兼業）が増えていくことはもちろんですが、加えて皆さんに考えてほしいし、今後ますます増えていくと思うのは、「価値を売る」ホワイトカラーとしての複業（兼業）です。なぜ増えていくかというと、個人にとっても、会社にとっても、それぞれにメリットがあるからです。

個人の複業（兼業）は、どこかの会社などに社員として勤めながら（その身分を確保しながら）他の仕事もするパターンと、どこにも属さずにいろいろな仕事をするパターンがあります。就労機会の確保という点で、後者はもしかしたら不安定になる可能性もあります。しかしどちらのパターンでも、収入を複数の会社から得ることができるというのは、ポートフォリオという意味では間違いなく「突然、リストラに会って、収入がゼロになる」というようなリスクを減らしていることになります。勤めている会社がいきなり傾いてしまったり、自分の仕事がなくなってしまっても、他に収入を得る道が残っているというのは、個人にとっては大きな安心になるのではないでしょうか。

加えて、ホワイトカラーとしての複業（兼業）の個人のメリットは、自分自身の知見や人間関係が大きく広がることです。同じ仕事を長くしていると、なかなか違う業界のことを知ることもありませんし、違う背景を持たれている方とお会いする機会も少ないのが現実です。しかし例えば、いまやっている仕事のスキルや知見を他の業界で活かすような複業（兼業）ができれば、他の業界についての知見や人間関係を得ることができます。ある会社・仕事で得た知見や人間関係は、他の会社・仕事にとってもプラスになることが多いと思います。

私はファミリーマートで社員として週5日出勤しながら、同時に、I-ne（アイエヌイー）やスマートニュース、コープさっぽろなどの会社でもアドバイザーや社外取締役として働いています。このように複数の、しかも業界が違う会社・業界に同時に関わっていくことで、知見や人間関係が加速度的に増えていると実感しています。また例えばコープさっぽろの仕事でのヒントをファミリーマートでの仕事に活かしたり、ファミリーマートで得た人的なネットワークをI-neで活用できたりと、私が複業（兼業）をすることが、どの会社の仕事にも役に立っています。

このような知見や人間関係の広がりは、ホワイトカラーとしての複業（兼業）だからこそ実現ができます。普通に「時間を売る」アルバイト的な複業（兼業）は、もちろん収入のポートフォリオ化と言う面では意味がありますし、「今の会社ではできないことをやってみたい」というような知的好奇心を満たすことはできるかもしれませんが、なかなか知見や人間関係が相乗効果を生むような広がりになることはありません。なので、どうせ複業（兼業）をするなら、自分の仕事での強みや知見をさらに強化できるような複業（兼業）が良いと思います。

さて、複業（兼業）が拡大していくことの会社側のメリットは、なにより雇用形態が柔軟になり、ひとりの社員に依存するリスクを減らせることです。例えばある社員は「週3日」の契約、ある社員は「週2日」の契約ということであれば、1人の人に「週5日」働いていただくのと比較して、その方がいなくなった場合の事業の継続性などのリスクは少なくてすみます。加えて、「週5日」で「複業（兼業）禁止」の人は、会社がその方の収入の全てを背負っているので雇用にも大きな責任がありますが、例えば「週3日」「複業（兼業）OK」ということになれば、法的なことはもちろん守らなくてはなりませんが、仕事の状況に合わせて「週2日」とか「週4日」に変更してもらうという雇用調整などもやりやすくなります。

というように、兼業は個人にとっても会社にとってもメリットが大きいので、今後「働き方の多様化」が進む中で、増えていかざるを得ないと考えます。

ちなみに私が「副業」ではなく「複業（兼業）」という言い方をするのは理由がありま す。これまではあくまでも「主」業がある前提で「副」業があったわけですが、いろんな兼業が進んでいけば、例えば「週3日を2社で行う」という方が出てきたら、そもそも「主」業というものがなくなってくるからです。例えば、どこかの組織に属することなく、4〜5社のアドバイザーなどをしている方などは、すでに「主」業がない状態なわけです。「主」業に対する「副」業、という考え方自体が、働き方が多様化していく今の時代で、時代遅れになってくるかもしれないと思うので、あえて「副業」ではなく「複業」という言葉を使っています。

人生100年時代の働き方

複業（兼業）が増えてくるであろうという背景には、もうひとつ別の要因もあります。いわゆる「人生100年時代」です。

最近、人生100年または120年時代ということが言われるようになりました。医療の進化などもあり、現代の我々は100歳まで、若い方々はもしかして120歳までは生きるようになる、ということです。ということは、60歳で定年退職してしまったら、あと40〜60年間も生きなくてはならないのです。かといって、定年するまでに蓄えたお金と年金だけであと40~60年も生活をしていけるかといえば、かなり難しいと思います。年金が多少はもらえるかもしれませんが、すでに日本の人口の半分以上がシニアで、しかもその割合がさらに増えていくという現実を考えると、年金の保険料を払う人が減少し、受け取る人がどんどん増えていくわけですから、1人当たりの受給額が減っていくであろうことは容易に想像できます。

60歳で引退して何もせずに、残りの余生を遊んで暮らすというのは、私を含めたほとんどの人には現実的ではないのです。なので、60歳を過ぎても、生活していくために、働き続けて、年金以外の収入を得続けなくてはなりません。ところが、定年を迎えて退職して、また別の職に就こうとしても、大きく収入レベルを落とさない限りは、なかなか仕事は見つかりません。同じ会社で再雇用をしてもらうことができるかもしれませんが、ほとんどの会社の再雇用の制度は、現在の時点では、同じ仕事を続けていたとしても、収入面では大きく減少してしまいます。ということは、人生100年時代に生きる我々は、60歳前後で定年を迎えて余生を無収入で過ごすというようなことは想定せずに、70歳や80歳まで、できれば収入をあまり落とすことなく働き続けることができるように、キャリアを考えていかなくてはならないのです。

ここで有効になるのが、ホワイトカラーとしての複業(兼業)です。60歳まで会社一筋でやってきて、さあいきなり別の仕事をしようとしても、知見も、スキルも、人脈もありません。現役時代から複業（兼業）をしていれば、収入源を1社に頼ることなく複数持つことができるだけでなく、いろいろな業界を知ることができ、会社の外で通用するようなスキルや働き方を磨くことができ、会社とは違った人脈も増えます。まさに複業（兼業）は、60歳を超えても働き続けるための準備期間であり、そのための助走期間だと思います。

60歳を過ぎてもアップデートし続ける「生涯現役」

人生100年時代で重要なのは、「生涯現役」で、学び続けることです。

例えば、いま、自分がここで会社員をやめてしまって、これからはコンサルしかやらないとなった場合、今後は、それまでの自分の知見をベースに仕事をしていかなければなりません。ということは、これまで蓄えてきた知見や経験を切り売りしながら生きていくことになるわけです。いまから10年後になったら、今自分がファミリーマートで得ている経験とか知見は、ただの「昔話」に過ぎないし、それで仕事ができるとは思えません。ですから、常に最新の経験や知見を得るために、何かしら自分をアップデートし続ける、成長し続ける必要があると考えています。

実は、自分は社会人になりたての頃から、立ち止まって楽をしてはいけない、常に成長し続けなくてはいけないという、強い強迫観念がありました。自分自身の成長がなければ、それまで何を成し遂げていたとしても、そんな経験はすぐに陳腐化してしまうと考えています。ですから、何歳になっても、何かしら現役として仕事をバリバリやりながら、そこで知見や経験、または人脈を広げていくことが必要だと考えています。

自分は、ファミリーマートに入社するにあたり、「社員」になることにこだわりました。そもそもはコンサルとして打診されたのですが、それでは事業の結果に責任を負うことがありませんし、ファミリーマートでの経験も限定的になってしまいます。現役の常勤社員として、結果に責任を負いながら働くことで、日々、身の回りで起きることのすべてが自分の糧になっていきます。それは週1回とか月1回とかのアドバイザーでは得ることができない経験です。

何歳になっても、常に自分自身をアップデートしながら、自己革新、自己成長をめざすということが、絶対に必要だと思います。

仕事が楽しければ、人生が楽しくなる

先に述べましたが、私はファミリーマートで週5日働きながら、同時に複数の仕事をしています。よく、「どうやって、そんなにたくさんの仕事ができるんですか？」と聞かれますが、「昼も、夜も、週末・休日も働いています」というのが答えです。

普通、複業（兼業）をするといった場合、あらかじめ自分の総労働時間を決めて、「3日はこっち」、「2日こちら」という風に分けるパターンが多いと思いますが、自分の場合は違います。1週間全て、24時間全てが仕事の時間なのです。

そういう働き方をしていくためには、「働くことを楽しむ」ことが必須です。「仕事が楽しければ、人生は楽しくなる」、それが自分の基本的な考え方です。いや、「仕事が楽しくないと、人生が楽しくない」というのが正しいですかね。

最近言われている「ワーク・ライフ・バランス」とは、全く違う考え方です。「ワーク・ライフ・バランス」は、そもそも「ワーク」と「ライフ」が全く別の物として考えられています。「ワーク」が悪いことで「ライフ」がよいことなので、「ワーク」に使う時間をできるだけ減らすなり調整したりして、「ライフ」に使う時間を増やせば、人生が充実する、みたいな感じですよね。これは本当に正しいのでしょうか？

普通の仕事をしていれば、毎日最低でも8〜9時間は働くわけです。実は起きている時間の中では、働いている時間が一番長い。ということは、理論上、一番長く時間を使っていること、つまりは仕事が楽しくなければ、人生は楽しくないと自分は考えています。

正直、自分はかなりの長時間、仕事をしていると思いますが、「足立さん、仕事人間だよね」と言う人は、たぶん誰もいません。なぜかというと、それぞれの仕事を楽しそうにやっているからだと思いますし、仕事とそれ以外の境界線があいまいだからです。どこまでが仕事で、どこからがプライベートか、というような線を引いていないのです。こういう考え方でやっているので、「ずーっと仕事をしているけれど、ずーっと楽しく遊んでいるように見える」のではないかと思います。

楽しく仕事をする3つの法則

ただ、多くの方が仕事を楽しめずに働いていると感じていますし、実際そういう考え方が主流だから「ワーク・ライフ・バランス」というコンセプトが広がったんだと思います。そうなってしまう要因は、3つあると思っています。

ひとつは、その仕事をすることを選んだのは自分なので、嫌なら辞めてしまえばいいわけですが、そこまでの踏ん切りがつかず働き続けていることです。課題があるのに、それに対するアクションの決断ができない、ということですね。2つ目が、仕事で苦労していることを、自分の問題ととらえずに、他人のせいにしてしまうことです。何か問題があった時、人のせいにしてしまえば、気持ち的には楽です。自分が何かを変えないとその問題は解決しないのですが、他責にしてしまうことで、仕事に対する不満ばかりが募る。そして3つ目が、そもそも仕事を楽しもうと考えていない、または楽しむことができると考えていないことだと思います。

この「仕事を楽しむ」というのは、実は、すごく簡単なことだと思っています。

どんな仕事でも、売上なり、利益なりを、この時期までにこれだけ達成しなくてはならない、という目標やミッションがあります。この目標を、いろいろ考えて、あの手この手でクリアしていくという意味では、シミュレーションゲームと変わりません。だから自分は、仕事は、誰かの資本やインフラを使ってするゲームだと考えています。また、簡単にクリアできるゲームは面白くないですよね？　なので、仕事をゲームととらえれば、難しい仕事の方が、より楽しめるわけです。しかも、ゲームするのにお金（報酬）までもらっているわけで。そう考えると、どんな困難な仕事の状況になっても、すごく気持ちが楽になってくると思います。

さきほど、「嫌なら仕事を辞めればいい」、と言いましたが、仕事を辞めるということは、ゲームと一緒で、その仕事や会社で得た経験や知見を1回「リセット」することになるわけです。新しい会社で新しい仕事を始めたら、また「ゼロ」からのスタートです。そう考えると、いろんな困難があっても、その仕事を辞めずに、楽しみながら頑張ってやっていく方が、間違いなく経験値がたまるし、クリア する（仕事で何らかの達成をする）までの時間も短いと思います。

自分に余裕がないと社会貢献はできない

一方で、これからの働き方のトレンドとして、社会貢献をする方がいいとか、やりがい・働きがいが大切だとか、そのような考え方が重要だと言っている方もいます。それ自体は間違ってはいませんが、自分は限定的だと思っています。

会社としては、いま、SDGs（持続可能な開発目標）に取り組んでいくべきだし、しっかりやった方がいい。これは間違いありません。また、社会に貢献していると実感できる会社で働くことは、間違いなく誇りになりますし、結果として社員の満足度も上がると思います。

また、働きがいや、やりがいはあった方がいいというのも間違いないです。しかし、働きがいだけでもいいのか、といわれたら、僕の中では微妙です。働きがいを求めて、給与が低い会社とか業界にどんどん転職していくかといったら、ほとんどの人はそうはなっていませんよね。そこまでの個人的な余裕はないからです。

自分は昔、介護のビジネスに関わっていたことがあるのですが、介護はとてもやりがいもあるし、社会的な意義も高いということで、介護施設には毎年、たくさんの若い方が入ってきた。そういう目のキラキラした若者が、重労働と低賃金に疲弊して辞めていくのをたくさん見てきました。また、現役を引退して「念願のそば屋を始めました」というような方が自分の周りにもいらっしゃるのですが、5年と続かず終わってしまうケースは少なくありません。自分がやりたいことをやるのはいいことだとは思いますが、その選択をする前に「老後も含めて100~120年、生活していけますか?」という課題をクリアするのが先だと思います。それができていたら、余力でそば屋でもカフェでもすればいいと思いますが、「やりたいことをやっているけれど、稼げなくて不幸せ」というのは絶対に避けるべきです。やりがいのある(好きな)仕事や社会貢献を優先できるのは、その余禄がある限られた方だけだと思います。

実は定義がない「DX」

働き方改革と言ったときにセットで話題になるのが、DX(デジタルトランスフォーメーション)です。今、どんな会社に行っても、関心の高いテーマです。しかし「DXって何ですか?」と、100人に聞いたら、100人違う答えをします。つまり「DXにはなんの定義もない」ということです。

なので「DX」の話をするのは難しいですが、間違いないのは、みなさんも個人として実感されている通り、デジタルを活用すればするほど、仕事の効率が格段に改善するし、費用や時間が格段に減る、ということです。

電子契約の登場で、契約にかかる効率が圧倒的に改善しましたよね。これまではいちいち社内各部に書類を回して、担当者印をもらって、稟議を通して、それから先方に送って、印鑑を押してもらって送り返してもらうというのに、大きな手間や時間をかけていました。電子契約ならその手間もありませんし、契約先が海外にいても、すぐに契約が完了するようになりました。

また今はもう、スタートアップなどでは電話線を引いて固定電話の契約をする会社は少なくなりました。また携帯電話を使っている会社でも、電話機能は使わず、無料のＩＰ通話などを使うのが普通になってきましたね。そのほうが便利だし、コストも安いですよね。

請求書の送付なども、以前はプリントして押印して郵便で発送していましたが、今では会計系のアプリでチャチャッと作成して、ＰＤＦにして先方にメールするだけです。しかもその記録が自動で会計ソフトに売掛金として入力されたりもします。

個人の世界でも、同じようなケースがいくつもあります。

今現在、支払い方法にはいろいろなものがあります。日本では現金で支払う方が未だにいちばん多いのですが、実は利用者にとって、もっともコストが高くなる（いちばん得が少ない）のが現金払いです。

例えばカード払いや、「PayPay」とか「ファミペイ」といった電子決済の場合、ポイントが付くのは当たり前で、さらに大きな割引などの特典が付いたりすることもあります。

現金払いには、そうした特典はないうえに、わざわざ現金を持ち歩き、レジで精算してもらうという手間もかけているわけですから、カード決済や電子決済にくらべて、かなり金額的にも時間的にも損をしていることになります。

何がDXかというのは、会社によって、業種によって、また個人によって、かなり違いますが、これまでの例で挙げた通り「デジタルは使えば使うほど、コスパ、利便性、または選択肢、スピードなどが改善していくということに尽きる」と考えています。

ギャップを埋める努力をするのが重要

デジタルは確実にギャップや格差を生んでいます。その違いは「知っているかどうか」だけです。どんなにデジタルが便利でも、その存在を知らなければ、使う・使わない以前の話です。

この「世の中で何が起こっているかを知る」という基本的なことで、実は大きなギャップが生まれています。しかし多くの方は、ギャップがあることを認識していないし、そのギャップを埋める努力をしていません。

実は今、世代によって得ている情報に大きなギャップが生まれています。情報の入手経路がテレビと新聞しかない時代には、誰もが同じメディアを見て、同じような情報を得ていました。今では、50代・60代は主に新聞やテレビ、30・40代は「スマートニュース」（スマニュー）などのニュースアプリ、10代・20代は「ツイッター」や「インスタグラム」などで情報を得ています。ポイントは見ているメディアによって、掲載されている情報が全然違っているということです。

自分たちの見ている状況は、全体の中のごく一部でしかないという明確な認識を持たないと、知らず知らずのうちに「自分たちが見ているものが、世の中のすべて」と考えて、話したり、行動したりしてしまうようになる。これはとても危険な状況だと思います。また、デジタルもそうですが、自分の知らないところで、全く新しい革新が起きているかもしれないわけです。

われわれビジネスパーソンは、世代によってみているメディアが違い、そのために入手する情報にギャップが生まれていることを明確に理解した上で、自分とは違う世代が見ているメディアを意識して見るようにする必要があると思っています。そうしないと、本当にごく一部のことしかわからなくなってしまう、という危機感を自分は強く持っています。

ちなみに自分は、毎朝15分ぐらいかけて、日経のトップとスマニューのトップとツイッターのトレンドを全部見ています。それだけで、どの世代で何が話題になっているのかがある程度わかるし、メディア間でまったく違うニュースが出ているという点では、自分のインプットの幅も広がります。

ビジネスパーソンは仕事を通して世の中にアウトプットを生んでいるわけですが、そのためにもっとも必要なのが、大量かつ多様なインプットです。インプットを超えるアウトプットはありません。いいアウトプットをしようと思ったら、大量かつ多様なインプットをし続けない限り、実現できないと思いますし、自分とは違う世代のことを知ることで、デジタル活用にしても、働き方にしても、幅が広がると思います。

第4章

デジタル後進国・日本の未来を変える働き方

～要件定義ができない職員と業務を知らないエンジニアのギャップを埋めるアプローチ～

大久保光伸

デジタル庁 ソリューションアーキテクト

ます。

まず、私の働き方については、あまり前例がないと思いますので、簡単にお話しておきます。

FinTech／GovTech／CivicTech領域における官民連携の担い手として、現在のメーンは、週3日のデジタル庁勤務、残りの2日は、福島県磐梯町CDO補佐官やIPA DADCのプロダクトディレクターとして活動しています。磐梯町では、20年10月から内閣官房の政府CIO補佐官として日本初の試みであるリアルタイム配信型のデジタル審議会の委員を担い、21年4月からは新しい制度であるCDO補佐官に着任して組織の中から改革を進めています。

また自分で起業した会社で、ITベンダーの金融アドバイザリーや、日本が世界に誇る大企業のグローバルECサイトのリニューアルに関わり、そのほかに、「プロボノ」（専門の知識やスキルを生かして取り組むボランティア活動）としてスタートアップ企業支援や海外業界団体との連携や政策提言などの活動も行っています。

私がデジタル庁に身を置こうと思ったのは、デジタル庁ができる際に、決済分野、全銀システム含めてグローバルスタンダードを目指すという話を伺って「これをやり切らないと、一生、悔いが残ってしまう」、そんな使命を感じたからです。ただ、給与待遇は民間時代から大きく下がりましたから、家族から賛同を得るには苦労しました。

現在、デジタル庁での私のミッションは、企業間契約決済プロジェクトの推進です。全業界のＥＤＩと言われる伝票のフォーマットの標準仕様をつくり、契約から請求、決済まで自動化しデータ利活用により新規ビジネス開発を促すプロジェクトです。

今、アマゾンのマーケットプレイスはじめ、さまざまなマーケットプレイス上で大量に商品が流通しています。常々、懸念している点に、「事業者の皆さんは、一生、マーケットプレイスの土俵で戦っていくつもりですか」、ということがあります。

国策として、日本企業間同士で標準仕様をつくって、皆さんがセキュアに情報連携していけば、取引先の選択肢が圧倒的に広がるはずです。今まで大きな企業と取引関係を結ぶという場合、アライアンスというかたちしかなかったと思いますが、それが同じ取引の土俵に立てるようになれば、どんどん選ばれる可能性が大きくなってくると思うわけです。

ですから、中小企業の方々には、標準仕様に合わせるだけで、どれだけ取引の可能性が広がるか、その世界を理解していただきたいと思っています。

当初は、いままでと勝手が違うかもしれませんが、デジタルインボイスの制定を契機に1回変更してしまえば、その後のオペレーションはすべて同じ。そんな未来感を抱きながら、デジタル完結の契約・決済の仕組みづくりをミッションとして取り組んでいます。

デジタル化と業務改革を両輪で進める

民間企業にもあてはまることだと思いますが、見た目のデジタル化だけが先行してしまうと、現場のビジネスが付いていけないというパターンがよくあります。

民間での、これまでの私の経験上でも、「自分ごと化」が弱いと、失敗するケースが多くありました。

普通に考えればわかることですが、現業で手一杯のところに、業務のＢＰＲも進めていかなければいけない、となったら、だれしも嫌がります。

しかしながら、そこに人事として、「チャレンジしました」とか「業務改善、こうやりました」といった提言に対し、そのすべてでなくとも、10個のうちの1個でも2個でもいいのですが、チャレンジングの評価軸というものをプラスできれば、状況は変わるのではないでしょうか。

「やっていることを、きちんと評価してもらえる」「人事も、業務改善に前向きにかかわってくれる」、現業を動かしている当人たちが、そう考えられる仕組みができあがっていけば、デジタル化と、業務改革は、うまく動いていくのではないかと考えています。

地方公共団体情報システムの標準化

デジタル投資とかデジタル活用というものを考えたときに、この10年近くの間に、一つの大きな流れとして、クラウドサービスが生まれ、いわゆるＳａａＳのような、コストパフォーマンスもよく、使いやすいサービスが増えています。

例えば「スマートＨＲ」とか人事系のパッケージ、といった重厚長大なＥＲＰのパッケージを使わなくても、１人１アカウント数百円ぐらいで利用できるものなどＨＲサービスはいくつもあります。民間か政府かに関係なく、必要な内容はさほど変わらないはずですから、すでに市場にあるものを使えばいいのです。もし、市場になければ、そこで初めて、開発をする、という流れです。基本、世にあるべきものは、ＳａａＳを使いましょう、というのが大きなコンセプトになっています。

自治体の動きも変わってきています。

今までは中央省庁が真ん中で舵を切っていて、自治体はといえば、自治行政局により総務省管轄で行われてきました。

例えば、各自治体で防災のＤＸを進めましょう、ということになったとします。

それに対して中央省庁側は、インフラの整備は国土交通省、教育関連であれば文部科学省、自治体を全体として見ているのは総務省ですから、直接の管轄は自治行政局になります。消防が入れば、そこはまた総務省の領域。少し調べるだけでも、窓口が4つに分散されていることがわかります。そうなると自治体側としては、どこを入り口に、防災DXの枠組みづくりをしていけばいいのかわかりません。

そのような場合には、もし私のようなエンジニア経験のある人材がいる組織であれば、スムーズに進められると思いますが、そうした知見のある人がいないところでは実現のためのハードルがかなり高くなります。自治体におけるCIO補佐官とか、外部から採用したCIO、CTOという権限をもつ人たちの活用は、現実的な解決策になるのかもしれません。

CXOを民間企業から登用

同時に、いま、官民連携の取り組みが、自治体を中心に活発化しています。

自治体におけるCIO／CIO補佐官の設置状況（2019年3月時点）を見てみると、都道府県では7割以上、市区町村では9割近くが、CIOを任命しています。またCIO補佐官を任命している都道府県（約半数）のうち、約20％が民間からの人材登用です。

かなりの自治体でCIO／CIO補佐官の設置が進んでいると言えるでしょう。しかも、これは少し古いデータですから、今はもっと進んでいると思います。

このように官民連携のポジションの間口がどんどん広がっているので、副業解禁の民間企業に勤めている人たちの新たなポストの選択肢として考えてもらうのもよいのではないかと思います。自分の地元企業とか、私のように東日本大震災からの復興に貢献したいというような思いがある人たちが、こういったプロジェクトに参画して、地域の課題解決や、自身のスキルを生かすといった取り組みに関わるようになっていくと、この日本にも明るい未来が期待できるのではないでしょうか。そう信じて、私は、今後もこの領域での関わりを増やしていくつもりです。

日本をDX先進国に

いまの日本は、デジタル分野のグローバルスタンダードに関して、諸外国と比べて大きく後れをとっています。

例えば国連が発表した世界電子政府ランキング（2020年）では、総合評価で前年の9位から14位に下がりました。とくに電子申請に関しては最低ランク。また、私たちの仲間がよく見ているデータ、例えばマッキンゼーのレポートでは、日本のデジタル化は世界ランクで79位という取り残された評価になっています。

こういう環境の中で、今、私は契約と決済のところの全体のDXの旗振りをしているわけですが、まだ古い商習慣に引きずられているところが多く、インターネットやデジタルを使った新しいビジネスモデルにさえ対応し切れていないところも数多く残っています。ですので、それはもう本当に高い危機感を持って取り組んでいるところです。

日本は総じて、政府も、企業も、環境変化に対する対応がうまくありません。バブルの時代には世界の時価総額ランキングの上位を日本の金融機関が占めていました。このころはまだまだアナログが主流の時代でした。ところが、インターネットにより世界中がデジタル上でネットワークされた時代になると、上位に日本企業の姿はなく、ＧＡＦＡ（Google、Amazon、Facebook：現Meta、Apple）をはじめとするＩＴやビッグデータをうまく活用しているところが上位を占めているわけです。

もうひとつ、日本企業の課題を如実に示しているものがあるので、そちらも紹介したいと思います。

10年来の付き合いのある田所雅之さん（ユニコーンファーム代表。戦略経営コンサルティングをする傍ら、自身も、日米で複数社を起業）が、スマイルカーブ（付加価値をベースにした産業構造）によって、時代ごとに、企画・開発、調達、製造、販売、サービスといった工程のなかで、どの部分に高い付加価値が求められてきたかを示したものがあります。

それによると、バブルの時代（～１９９０年ごろ）までは製造業の支配力が強かった時代で、トヨタやパナソニックが世界を代表する企業でした。続くインターネットの登場による情報化時代（1990~2010年）になると、製造から企画やサービスに支配力が移り、現在進行中のDX化時代（2010~2025年）では、GAFAM（GAFA+Microsoft）やBAT（バイドゥ、アリババ、テンセント）など、顧客接点をもつプラットフォーマーが市場を支配しています。

さらに、これから先は、「サステナブル」でなければ、長く安定的なビジネスとして生き残っていくことはできない、と私は考えています。

日本がめざすDXの姿

それでは、日本は今後、どこに向かったらいいのでしょうか。

海外の事例には、モデルとして参考になるものがいくつかあります。

私が直接、関わっている案件では、例えばヨーロッパで「GAIA-X」というプロジェクトがあります。そこでは、民間企業がアライアンスを組んで政府機関が認定を与えるという動きで進めています。「政府主導で利害を調整しますから、共通のシステムをつくりましょう」という発想ではなく、「同じ仕様をみんなで使っていきましょう。もし問題が出てきたら、どんどんリバイスしてバージョンアップしていきましょう」、こういうバーチャルな仕組みが自然に出来上がっています。

日本の場合、デジタル化の分野においては、まだまだ交通整備を進めているような段階で、例えば「環七は車の通る量が多いから横断歩道をやめて歩道橋をつくりましょう」みたいな、そんなレベルだと思います。

それから、制度面でいうと、環境にやさしく、いかにサステナブルにできるか、というところが大きな一つのキーワードです。この点でも、ヨーロッパのほうが進んでいます。

例えば、サーキュラーエコノミー（消費された資源を回収し再生・再利用し続けることで、資源制約から脱却した経済成長を実現する新たな経済モデル）は、今後、どの企業でも取り組んでいく必要があるモデルです。

これに関しても、日本では、まだ「環境にやさしい材料を使いましょう」レベルにとどまっているところが多く、製品として市場に送りだしたモノが、使用された後、自分の会社に戻ってくるような、回収サイクルまでを構築できているところはあまり見かけません。

「空港の照明を全部ＬＥＤにしたい」という依頼が空港からあったとしましょう。

従来のように、ＬＥＤを購入しようとすると、初期費用がかさんでしまいます。そこで、ＬＥＤのリース会社のような事業者が、ＬＥＤメーカーと空港側の間に入って、使用時間に応じて利用料を支払えば、ＬＥＤをすべて交換したのと同じ内容のサービスを提供するようにします。ＬＥＤが故障したときには、サービス提供会社が、製品を交換し、故障したものはメーカーに返品し、メーカーはリサイクルを考えます。空港側は、照明として使用した時間の課金分を支払うだけです。

こうしたビジネスモデルであれば、ユーザーは、投資回収を気にすることなく、日常経費の範囲でいつでも新しい製品を使用することができ、日常のビジネスサイクルの中に使用済みの製品の回収も組み込まれ、製品廃棄の問題も解決できると考えられます。

日本企業においても、こうした概念を取り入れたビジネスモデルを考えていくべきだと考えています。

働き方の「軸」を決める

ここまでは主に、DXを進めていくうえでの、日本の課題とそのための取り組みについて話してきましたが、ここからは働き方に対する私の考え方をお話ししたいと思います。

私自身、仕事上のスキルの軸として、IT、金融、英語があります。それぞれの軸で、100人中1番の実力を発揮できるとすると、この3軸を掛け合わせて、100分の1×100分の1×100分の1で、100万分の1の存在になるわけです。

それぞれの軸は何でもかまいません。1つの軸だけでは世界で戦えないので、100万分の1をめざしながら働くことをおすすめしています。

ただ、残念ながら、日本企業の場合、いまはまだ仕事（ジョブ）の細分化が十分にできていません。自分の軸をどこに求めたらいいのか、見定めにくい状況にありますが、今後、大学と企業の連携が進み、専門家を育てる環境が整っていけば、日本全体のスキルの底上げにつながるのではないかと考えています。

次に、加減乗除によるスキルアップについてです。

まず社会人１年目、２年目はプラス（加）のステージです。とにかくできることを増やし、苦手なことにも積極的にチャレンジするという時期になります。この期間に、いかに量を経験するか。仕事の報酬は仕事。この考え方には、すごく納得感があると思います。

そして、さまざまな経験を積み、中堅となって、ある程度スキルアップをしてきたら、「今まで何でもやってきました」というところから、自分がフォーカスできる分野・領域を見つけ、その分野での「ＣＸＯ」を目指してやっていく。そうすると、そのスキルに応じた報酬が得られるようになってきます。

その次のステージが、今現在、私がいるところですが、これまでに積み上げてきたスキル、デジタルやファイナンスに、別の強みを掛け合わせるフェーズです。

例えば、私が担っている企業のＤＸは、今まで直接関わってきたことのない小売りとか製造業の分野ですから、そこにビジネスデザインやフィンテックを掛け合わせることにより、新たな価値を生み出していきたいと考えています。もちろん、私１人でできることではありませんから、デザインそのものは私の仲間が担い、法改正が必要なところは弁護士の協力をあおぐといった、外部への働きかけも必要になります。それが一番あわただしいのが、このフェーズです。

さらに、もう一段上に上がっていくと、先ほどのフェーズ同様のものを、同時並行で、何本も進めること自体が相乗効果を生み出すようになります。

将来CXOになるための働き方

私がいま関わっている機関の採用は、ほとんどリファラル（推薦・紹介）です。採用サイドとしては「その人のスキルをきちんと知ってから採用を決めたい」というニーズからだと思います。

日本の組織には、成果を出さなくても、その組織の一員でいれば給料がもらえる、というようなところがまだまだ多い気がしています。

私のプロジェクトに関わった人たちは、僕が毎日のように「どれだけバリューを出しているんだ」と投げかけていますから、「自分の仕事上の役割におけるバリュー」というものを、意識して働いていると思いますが、一般的な日本企業の場合、一人ひとりの職務の範囲（ロール）が限られており、しかも、例えば前職の大手金融機関では100個ある組織のその中の一つのタスクに専念して働き続けています。

ですから彼らが転職活動をするなかで、次のようなことが往々にしてあります。

「俺は元メガバンクです」と自信満々のスペシャリティの高い人が転職を希望してきて「あなたは何ができるんですか」と聞かれ、「メガバンクのこういう部署で○○をやっていました」と胸を張る。しかし、外から見たら「それでは、うちでは、100分の1の能力にしかなりませんから、戦力にはなりません」と。

なぜ、こうなってしまうのか、当人たちは、気づけていないのです。

銀行業務というのは、メガバンクでも、ネットバンクでも、全部同じルールに従って監督官庁の配下で動いています。規模に関係なく、トータルで見れば、業務の中身はどの銀行でも変わりません。

私は、以前、当時200人規模のネット専業銀行に7年間籍を置いていたことがありました。この規模だと、全部署のスタッフの顔がわかります。リスク所管部は全員が知り合いです。この銀行での7年間には、全ての銀行業務を把握した上で、100あるシステムの100を担当させてもらうことができました。

その後、メガバンクに転職したわけですが、部門の人たちに「これ、誰に問い合わせをすればいいですか」「リスク所管部はどこですか」と聞いたところ、全てを把握している人財がおらず、非常に苦労をした経験があります。

感覚的には、規模の大きな会社のほうが、いろいろな経験が積めると考えることが多いのかもしれません。しかし、現実にはそんなことはありません。

大きな組織になればなるほど、一人に任せる職務の範囲は限られます。大きな会社にいるからといって、大きな世界が見える、とは、必ずしも言えません。それよりもビジネスキャリアの早い段階で、規模の小さな会社の一員として、事業全体を学ぶ経験を積んだ方が後々に生かせるのではないかと、私は、自身の経験からも、そう思っています。

とくに、今後、経営陣や、私のように「CXO」を目指そうという人たちには、そういう働き方も勧めたいと考えています。

ラボ機関の吸収合併

企業の人材政策に対して、強く思っていることがあります。マッキンゼーのような、人材輩出会社をつくるくらいの気概をもってほしいということです。

例えば、金融持ち株会社のように資金力がある会社が、しっかりと人財教育をやって、そこからスタートアップを起業して、成長させ、上場して、最終的にはM&Aをする。マイクロソフトやグーグルには、そうした流れが頻繁に起きているのに、金融機関で育った私自身の反省材料でもありますが、日本ではまだそういう動きはほとんど感じられていません。

それでも、個人の力で、同じようなことを仕掛け、実現している人がいます。

現在、ＩｏＴ開発・量産化専門チームを擁するShiftallの代表取締役ＣＥＯを務める岩佐琢磨さんです。

岩佐さんはもともと開発者としてパナソニックに入社したのですが、製品の開発アイデアをいくら上げても、大きい組織になると、具体化するまでに時間がかかります。それではビジネスにならないと考えた彼は、工場のラインを1本抱えたスタートアップを起業し、プロトタイプをどんどんつくり出し世の中に送り出してきたのです。最終的にその事業をＭ＆Ａしました。

実は、私は、学生時代から岩佐さんのような働き方を理想のモデルにしていました。いまでは飲み友達になりました。

ぜひ、いまの若い人たちには、世の中には、こういう岩佐さんのような人たちがいるんだ、ということを知っておいてほしいと思います。

2種類のお金の稼ぎ方

お金の稼ぎ方には、2つあると思っています。

ひとつは、会社員でも、アルバイトでも、100億円規模で資産を持っている起業家もそうですが、事業に直接関わることで、その対価をもらうというものです。

もうひとつは、ビジネスの仕組みとか、技術で特許を押さえていて、日々、直接、ビジネス活動に関わっていなくても収入を上げられるというもの。私はそこに一点張りなので、自分でアーキテクチャを設計し、特許も書きますし、学生のときはアメリカから特許を買って日本で展開をしていました。

これからの若い人たちには、われわれ古い世代が考えもつかないような発想で、新しい仕組みづくりにもチャレンジしてほしい。その仕組みで特許を取得して、実働とは関係なく収益が入ってくる、そんなお金の稼ぎ方があることも、覚えておいてほしいと思います。

働き方改革で日本の未来を変える

最後になりますが、私はここまで書いてきたような流れで生きてきました。プロボノ活動を共にする同志の高いポテンシャルが中心であり、どこに所属をしていようが、働き方の基本は変わりません。

いま強く感じていることですが、このようなアプローチで、自治体や官の場で仕事を進めている仲間が、エンジニアも含めて増えています。日本全国47都道府県で、DXへのムーブメントを起こせれば、デジタル途上国日本も、この数年で、ガラッと変わるのではないでしょうか。

第2部

Workatoが変える働き方

第5章

SaaSの「統合」と「自動化」

第1部では「SaaS時代のDX」について、それぞれの業界の第一線で活躍する3人の著者に解説してもらった。

第2部ではSaaS時代のDXに欠かせない「業務の自動化」をサポートする、シリコンバレー発のテック企業Workato社がめざすビジョンやサービスを紹介する。

6段階の「業務の自動化」

政府が推進する働き方改革は、掛け声や、根性だけで実現できるものではない。現在の業務の見直しや改善、あるいは業務プロセスの再構築が必要になることもあるだろう。そうした動きのなかで、注目を集めているのが「業務の自動化」だ。

事業分野におけるITの調査・コンサルティングを行うITRが実施、公表した調査（2022年8月「業務自動化に向けた国内企業の現状と展望」）によれば、「業務の自動化は時代のニーズになっているが、そのアプローチにはさまざまなものがあり、ビジネス上のインパクトのレベルにより、6段階に区分される」として、以下の内容をあげている。

ビジネス上のインパクトの小さなものから、より大きなものへという並びで、
1）単一タスクの自動化（適したテクノロジー、バッチ処理）
2）単一アプリケーション内で連続するタスクの自動化（RPAやデータ連携ツール）

3）複数アプリケーションをまたぐ部門内の業務の自動化（RPAやiPaaSなど）
4）複数アプリケーションをまたぐ部門横断的な業務プロセスの自動化（BPM、ワークフローツール、iPaaS）
5）人による意思決定と自動化された業務プロセスの連携（BPM、チャットボット）
6）判断や意思決定の自動化（AI／機械学習）

がある、としている。

さらに、「企業が自動化を適用しようとする業務領域やタスクの範囲は今後より拡大する傾向にある。その場合には、実現したい自動化レベルによって、適したテクノロジーが異なる点を考慮すべき」と分析している。

つまり、自動化レベルを限定すればそれに適したテクノロジーを見つけやすいが、自動化レベルの範囲を広げると、複数のテクノロジーを投入しなければ、自動化の実現が難しいということだ。

SaaS同士を連携する

こうした現状を踏まえ、どの領域で自動化をめざすかに関係なく、1つのツールで複数のテクノロジーを連携させ、業務の自動化を実現させようというものも生まれてきている。

米国シリコンバレーに本拠を構えるITベンチャー、Workato（創業者は、現CEOのヴィジェイ・テラ〈Vijay Tella〉氏）が提供する『Workato』はそのひとつだ。Workatoというのは『Work（仕事）』と『Automation（自動化）』を合成した造語で、同社は業務プロセスの自動化をめざし、2013年に立ち上げられたSaaSベンダーだ。

SaaSベンダーには、もともとのソフトウェアベンダーがSaaSも提供するようになったというケースが多いが、Workatoの場合、いつまでもオンプレミスの時代は続かないということを見越して、事業の立ち上げ時からSaaSのみ、クラウド上で提供することに振り切ってクラウド・ネイティブで実装を進めてきている。

同社日本法人、日本創業者の鈴木浩之氏は「当社の創業者メンバーは、CEOのヴィジェイをはじめとして、現在のクラウド技術がない1990年代からずっと、アプリケーション統合や業務ワークフローの自動化、効率化のための仕組みづくりに深く関わってきた。そのメンバーが、これまでの集大成として、クラウド・ネイティブの技術をベースに、単一のプラットフォーム上で、様々なミドルウェア機能を提供し、業務の自動化をノーコードで実装できることをめざしているSaaSベンダーである。ノーコードなので、IT専門家だけではなく、コードを書けない人も業務プロセスさえ理解していれば使えるので、リソースボトルネックを生まないのです」と話す。

シリコンバレーのベンチャーというと、野心的な若者が先端のテクノロジーを使って事業を立ち上げる、というようなイメージが強いが、同社の場合は、過去に自分たちが関わってきた製品やサービス、そのときの経験がベースになっているというのが特徴的だ。

「当時の技術ではやろうと思ってもできなかったこと、なんとか実現できてもユーザビリティが悪かったことや、実装してみて期待したほどの成果をあげられなかったことなど、われわれには、多くの悔しい思いが残っている。いま、ようやく技術が追いついてきて、改めてデザインをやり直している」(鈴木氏)

つまり、同社が提供するサービスは目先の自動化だけが目的ではない。

自分たちで、ゼロからスクラッチでアプリケーションを開発するのではなく、クラウド上にある様々なツールや部品をAPI連携によって、自身に最適なアプリケーションの実装を可能にするということからもわかるように、Workatoの導入によって、業務プロセスを自動化するだけでなく、そのプロセスをAPIで連携できるので、お客さま、パートナー、取引先とシームレスにAPI連携を行うことが可能になる。

そのために、今後も、ツール同士をつなぎ合わせるコネクターを増やし、自動化できる領域を増やしていくという考えだという。

単一のプラットフォームに「統合」する

『Workato』を一言で言うと、業務の「統合」と「自動化」に必要なさまざまな機能を単一のプラットフォームで提供するiPaaS（Integration Platform as a Service）だ。SaaSとしての提供であり、ユーザー自身によるサーバーの運用は不要、ユーザーはすぐにでも利用を開始することができる。

現在、業務の自動化を進めていくためには、「iPaaS」、「Workflow Automation」、「Bots」、社内のデータ活用の効率化を図る「ETL（Extract：抽出、Transform：変換、Load：書き出し）」もしくは「ELT（Extract：抽出、Load：書き出し、Transform：変換）」、「APIプラットフォーム」といった5つの機能が提供されている。一般的には、それぞれの機能ごとに対応したツールが各社から提供されている。

しかし、ユーザーからすると、それぞれのツールを導入していけばそれだけコストも嵩む。しかもツールごとに使い方も異なり、複数ツールを導入すればそれだけ頭に入れなければいけない知識やノウハウも必要になる。ユーザー側の負担感は小さくはなかったし、スピード感をもったビジネスを展開するうえで足かせにもなってきた。

そうした課題に対し、Workatoは自動化に必要な機能を1つのSaaSプラットフォーム上でまとめて提供する。従来方式であれば、開発費を含めて数百万から数千万円はかかるといわれていた統合や業務の自動化を、数時間から数日で実現することを可能にした。大企業でなくても利用しやすくなり、統合や自動化によりデータ活用をめざす企業では、ユーザーのすそ野が広がっている。

Workato日本法人が設立されたのは2021年11月だが、日本で最初のユーザーは、すでに2018年1月から利用を開始している。それだけWorkatoへのニーズが強かったということだ。

ローコード・ノーコードの罠

Workatoの根底には「民主化」という考え方がある。

現場における（情報システム系の）課題解決は、社内の情報システムや外部のベンダーに頼らず、現場主導で進めようというものだ。そのほうが課題解決までの時間もコストも短縮でき、リソースのボトルネックを解消できるからだ。

いま、日本国内では、開発の効率化、開発期間の短縮を実現するものとして、ローコードやノーコードによる開発が注目されている。しかし、現状、その多くは、コーディングができない人には手が出せない、形式的なローコード・ノーコードにとどまりIT専門家のツールであることに変わりはない。

それに対し、Workatoが提供するのは、コーディングの知識がない現場担当者が中心になって業務の自動化を推し進めることのできるものだ。なぜなら、業務プロセスを理解しているのは現場部門であり、情報システム部門ではない。業務を知ってる、ビジネス部門が使えるツールでなければ、ノーコードであっても意味がない。

Workatoを展開していく大きな意義のひとつとして、鈴木氏は「この民主化の考えが浸透していけば、なかなか進んで行かない日本のＤＸも、動き出すきっかけになるのではないか」と語っている。

現場とシステムをつなぐ「レシピ」

Workatoの自動化に対する考え方を端的に表すものとして「レシピ」という概念がある。直接、業務に携わるスタッフが、実際の業務の自動化をどういう流れにするのがいいのか、Workato上で作っていくフローチャート的なものだが、自動化ワークフローを稼働させる指示書でもある。

このレシピは、結果として、ビジネスのプロセスをフローチャート形式で可視化し、データ処理をフォーミュラと呼ばれる関数でＩＴ専門家以外でもわかるようにデザインされている。業務の現場だけでなく、情報システム部門でも、支援を仰ぐＳＩｅｒとの間でも、フローの目的や処理内容を容易に共有することができる。つまり、情報システムやSIerから見て、現場による課題解決プロセスに不足しているものや全社的に考えたとき改善点なども見つけやすいものになっているということであり、現場と情報システム部門等とのコラボレーションを可能にする仕組みだ。

レシピを構成するものに、大きく2つの要素がある。

1つは、レシピが動き出すきっかけを定義する「トリガー」。もうひとつが、ワークフロー上で具体的に「何をするのか、させるのか」といった流れを順番に並べた「アクション」だ。

まず「トリガー」だが、たとえばSalesforceにおいて、〈New/updated〉という定義が設定されているとしよう。この場合、Salesforce内で新規にレコードが作成、あるいは、更新された時に、このレシピが動き出すことになる。

また、「トリガー」にタイマーを設定した場合、ポーリングにより「1時間毎にデータを取りにいく」とか、「1日1回、何かの処理をする」といった指示が可能になる。

1つのレシピには、1つの「トリガー」を設定するので、運用が非常に容易である。

次に「アクション」についてだ。

たとえばNetSuiteというERPを導入しているとして、〈Search Inventory items〉とアクションを選択すると、商品の在庫商品の検索をする指示になる。その次のプロセスとして、検索をかけたＩＤに該当するものがなければ新規に「アイテム」を追加、在庫があった場合には該当「アイテム」の情報を更新する、というようなワークフローを業務の流れに沿って作っていく。このワークフローは、複数のアプリケーションにまたがっていても構わない。また、現在の業務の流れを単になぞるのではなく、より効率化できるものに進化させていくことでＢＰＲも実現可能だ。

現在、Workatoでは、１０００を超えるアプリケーションのコネクターを提供し、ノーコードでの連携が可能だという。

いま、文部科学省の主導で、日本でも学校教育におけるプログラミングの必修化が進められている。このなかで、多くの子どもたちがプログラミングを学ぶツールとして、よく利用されているものに「SCRATCH」（非営利団体Scratch財団によって設計、開発、維持される）がある。世界最大の子ども向けコーディングコミュニティー内で、デジタルな物語、ゲーム、アニメーションを作るために使われている、シンプルなビジュアルインターフェースを持ったノーコード・ツールだ。

「実は、われわれのWorkatoのユーザビリティは、このSCRATCHに通じるものがあると考えている。今後、SCRATCHでプログラミングを学んだ子どもたちが社会に出るようになれば、業務の自動化のためのWorkatoのレシピも当たり前のものとして扱われるようになるだろう。アプリケーション実装には、プログラミング言語の知識習得が必須という固

定概念は払拭すべきだと思う」（鈴木氏）

日本で遅れているアジャイル開発のサポート

2010年以降、世界中の企業がスピード重視、データドリブンな経営をめざしている。とくに米国の企業の間では「3カ月以内には成果を出す」という、そういうスピード感で動いているところが増えている。だから、新しいアプリケーションのプロトタイプ開発を短時間で行い、その後、変更要望への対応やトライ&エラーを積み重ね、ブラッシュアップを続けていくというアジャイル（agile）開発が基本だ。米国以外でも、同じような方向に向かっている。

ところが、日本ではSIerへの開発業務委託が主流で、最終成果物を定義し、その生産に見合う労働工数に対価を払う考え方が一般的である。そこで、最終成果物の定義が曖昧だったり、開発途中で要望が変更したりすると、結果的に高コスト、遅納期となる。SIerは自ずと、仕様に基づいた実装しか行わないので、範囲外は全て別見積もりとなる。それが前提でつくられるシステム開発計画は、早くても改修で3カ月、新規や刷新となれば1年以上、そんな悠長なシステム開発を日本はやり続けている。

提案依頼書（RFP：Request for Proposal）に始まり、要件定義、基本設計、システムテストなど、段取りをきっちり踏んだウォーターフォール型の開発が相変わらず多く、必然、必要となるドキュメントも多く、時間も人手もお金もかかる。しかも、この文書を理解できるのは、ＩＴ専門家だけである。

国をあげてＤＸ（デジタルトランスフォーメーション）を進めているというときに、「さすがに、そんな状況を放置しておくのはよろしくない」。経済産業省の「ＤＸレポート」にも、そうした趣旨の内容がようやく書かれるようになった。

Workatoは、従来のウォーターフォールの開発手法から、アジャイル開発を促進させるツールである。

業務の現場で作成するレシピは、だれにもわかりやすいフローチャートだ。それをもとに、特別な文書を作成せずとも、現場と情報システム系部門とが一体となり、役割に応じて、実践的な実装を短期間で行っていく。

これまでであれば、業務プロセスの効率化や自動化を進めていく場合、直接、業務に関わる部門から、情報システム部門の担当者に「こうやりたい、ああやりたい」と、事細かに伝える必要があった。だからその内容がアバウトなものであったり、システム開発任せだったりすると、いざ、できあがったときに、担当部門からも、全社からも、「なんで、こんなものに」となることが少なくない。

それに対し、Workatoの場合、業務に深く関わっている担当者自身がレシピ作成に関与することができるので、間違いがあればすぐに気づき、皆で修正することが可能だ。また、レシピは高度なガバナンスとセキュリティ機能により、適切なユーザーに対しレシピのアクセス権限を設定することができるので、野良のインテグレーションや自動化が放置されるようなことはない。ＩＴ部門により明確かつ明示的な管理が可能になっている。

こうした分業を容易にしているのも、Workatoだからこそだ。

SaaS時代のスピードとコスト

企業が情報システム系のサービス導入を検討する場合、コストの問題をクリアする必要がある。

以前は、コンピュータのハードウェアを中心とする初期の導入費用（システム開発を含む）で決まることも多かったが、現在では、クラウドサービスの登場やネットワークの複雑化により、時代の変化に合わせた拡張性も求められていることもあり、導入後の維持や運用・管理にかかる費用も含めたＴＣＯベースで検討されることが増えている。

ＴＣＯとはTotal Cost of Ownershipの略で、主にコンピュータ本体、ソフトウェアといった製品やサービスの、購入から廃棄（サービス解約）までにかかる費用の総額＝総所有コストのことだ。

日本企業においても、その傾向が強まっている。

しかし、実際の検討の場では、本当にどこまでTCOを考えているのか、怪しいケースもあるという。

ハードウェアやソフトウェアの初期価格や外部に支払う運用・保守費用は見積りではっきりするからわかりやすいが、それらを本稼働させ、維持・運用していくのに要する社内リソースのコスト、運用開始後に発生する改修費用などについては把握しにくいこともある。特に、社内リソースは、どれだけ使ってもコストゼロという発想を未だに持っている経営者は少なくない。

また、年々、経営環境の変化やITの進化が早くなり、頻繁にシステムの更新や拡張が必要になっており、導入後のコストも無視できなくなっている。加えて、SaaSとして提供されるサービスが増え、サーバーの維持・運用コストが不要になり、さらにベンダーや情報システムの担当者が手を動かさなくとも、現場だけで対応できるWorkatoのようなツールも増えてきている。

環境としては、ますますTCOで考える必要性が高まっている。にもかかわらず、日本企業の経営者は情シス部門やSIerに任せっきりで、最新のテクノロジーを使いこなすための体制や活用方針を示さず、自ら主体的に変革しようと考える企業は多くない。この感覚のズレというのも、日本企業が経営スピードをなかなか早められない要因のひとつと言われている。

ＡＰＩ連携が当たり前に

いまから10年、20年前は、企業各社が自社ホームページに掲載するアクセスマップは独自の地図を作成することが多かった。手書き風のものもあれば、イラストマップ化したり、目印となる建物を目立たせたり、といった工夫を凝らしたものもよく見かけた。

しかし、いま、そんなマップを掲載しているのは、何年もサイト更新をしたことがない、というところくらいだ。ほとんどが、グーグルマップのＡＰＩ連携により、自社の正確な地図が表示され、詳細な道案内まで可能だ。

個々のスマートフォンを介して、電車の乗り換え・接続案内や、宅配便の配送状況の確認などが簡単にできるのも、ＡＰＩ連携があるからだ。

こうしたＡＰＩ連携により、日常生活における利便性が格段に向上したものも少なくない。

ビジネスの世界にも、これと同じような流れが、確実に入ってきている。

とくに米国では、ＡＰＩエコノミーが拡大し、ＡＰＩによる連携が当たり前になってきている。ＡＰＩを持たないＳａａＳを見つける方が難しい。なぜなら、ＡＰＩが無いということは、外部と連携ができないからだ。

それに対し、日本では非常に遅れている領域だ。CSVファイル連携という表現をするが、これは連携ではない。CSVファイル出力、取り込み機能を持ってるに過ぎない。

だが、日本でも、ようやく総務省が運営する行政情報のポータルサイト「e-Gov（イーガブ）」が立ち上がり、政府が保有するさまざまな情報システムのAPIの公開を始めた。政府が動き出したことで、API連携の流れは、今後、日本国内でも間違いなく加速していくはずだ。

ただし、このAPIというのは、プログラミングができる人でなければうまく活用できないものだ。APIが公開されているからといって、だれでもが、簡単に、クラウドサービスやオンプレミスと連携できるというわけではない。

なので、Workatoではコネクターやレシピを、プラットフォームを通じて提供し、ノーコードでさまざまなアプリケーションやAPIとの連携を可能にしている。さらに、自社のデータをAPIで公開し、APIエコノミーへ参画することも可能だ。

Workatoの便利な機能

Workatoのメンバーの多くは、30年近くにわたって、システム連携や業務の自動化のための仕組みづくりに関わり、導入後に生じるさまざまなトラブルや問題の解決にあたってきた。当時のその経験から、Workatoには、自動化プログラムの本格稼働をサポートするいろいろな機能が備わっている。

そのひとつに、自動化プログラムを実装するために必須となるテスト時のさまざまな機能がある。

情報システムの構築は計画に沿ってできあがればそれで完了するというものではない。現実に近い環境のなかでビジネステストを行い、様々な障害やエラーに対する処理の実装を実現する必要がある。Workatoのレシピでも同様だ。

「作り上げたレシピに沿って、実データを通してみて、想定通りに処理が進むかどうか、もしエラーが発生する場合、その原因はどこにあるのか等を確認していく必要がある。Workatoは、そうしたテストを効率よく実施するための機能やレシピの変更管理、エラーや障害時の対応をレシピの中に定義するなど、さまざまな機能を提供している。また、この領域においては、機能拡張を強化している」(鈴木氏)

ガバナンスとセキュリティに関しても、便利な機能が備わっている。

社内や部内で共有するデータの場合、参照や更新する権限などを明確に定義できないと、情報漏洩リスクが拡大するだけでなく、ＩＴ統制に準拠できないリスクを負うことになる。

よくある話が、エクセルデータをクラウドで管理していたところ、本来、更新の権限のない人が善意でデータを書き換えてしまったり、不適切な人に編集権限を与えてしまったり、結果的にそのデータを活用したいユーザーから「本当にこのデータは正しいのか？」と大騒ぎになるというケースだ。

中小の規模で、データの更新から管理まで1人でやっているところであれば、どこからでもアクセスできるクラウドベースのサービスはメリットが大きいが、組織が大きくなり、複数のメンバーで管理、更新、閲覧を行っているという場合、ガバナンス上、組織階層レベルに応じた権限の設定が必要不可欠だ。

「現場ベースでレシピを作成するWorkatoの場合、連携できるアプリも多く、それだけ数多くの人がレシピに関わることになるが、レシピの編集権限をもつ人、そのなかの特定のアプリに関する権限など、細かく設定ができる。また全体にわたって情報システム部門が管理できる機能もあり、会社全体としてのガバナンスを高められる」（鈴木氏）

日本では、会計システムなど基幹システムと連携するシステムの場合、システムの保守運用、アクセス管理、障害管理、バックアップ管理等を記録しておくことが、IT業務処理統制上の決まりになっている。

世の中には、そうした記録が自動的には残らないツールもまだまだ多く、その場合、個々の自己申告により「○月○日◆時、○○しました」といったものを記録しておくほかない。

それに対しWorkatoには「誰が、いつ、何を、どうしたか」、いわゆるデータ変更のトレーサビリティを行う機能があり、誰かが操作すると、すべてのアクションがしっかりと管理できるようになっている。Workatoを活用する限り、IT業務処理統制上のトラブルにつながることはない。

本当に必要な自動化とは？

『Workato』は、業務の「統合」と「自動化」に必要なさまざまな機能を単一のプラットフォームで提供するクラウドサービスだ。

プラットフォーム上で連携できるのは、クラウドサービスに限らない。オンプレミスも含め、1000を超えるアプリケーションやAPIとの連携が可能。今後さらに拡大していく考えだ。また、レシピというノーコード環境を活用することで、IT専門家の力を多く借りることなく、現場業務に携わるメンバーが主体的にワークフローの基本的な流れを作ることができる。これにより実践的な自動化プロセスを効率よく実現することが可能になっている。

Workato日本法人創業者の鈴木氏は、Workatoの特徴として「新たな価値創造」を強調する。

「Workatoでレシピを作る過程では『こうしたい』、『ああしたい』という業務の流れに沿って作っていく。だから、現業に関わるメンバーは、できあがりをイメージしながら、自動化業務プロセスの実装にアプローチできる。そうすると何が起こるかというと、『いままではこの手順でやっていたけれど、順序を入れ替えたほうがよいのではないか』とか『こういうやり方のほうが、効率よく処理できるのではないか』、さらには『AI／MLと組み合わせたら、こんな業務の自動化も可能ではないか』といった新たな提案がどんどん出てくる。つまり、現場発による新たな価値創造を生むことになるのではないか」

日本では、業務の自動化と言うと、RPAの例がわかりやすいように、「これまで人がやってきたことを、そのままロボットが自動化する」といったイメージが強い。しかし、Workatoの場合はそこにとどまらない。「現状の個々の作業を自動化するという発想をやめ、その業務の目的に応じて必要なプロセスをゼロから創造し、今までは自動化できなかった業務を自動化することに成功した事例もある」と鈴木氏は言う。

いま、日本で本当に求められている業務の自動化はどういうものか。Workatoには、そのためのヒントが数多く詰まっている。

第6章

DX企業の先進事例①

DeNAの DX・SaaS活用術

1999年の創業以来20年あまり、インターネットやAI（人工知能）を駆使し、「永久ベンチャー」の精神で挑戦を続けるDeNA。事業領域もゲームから、エンターテインメント、スポーツ、ライブストリーミング、ヘルスケア・メディカル、オートモーティブ、Eコマース、その他と多岐にわたっている。

2021年4月には、新CEOの岡村信悟氏の着任と同時に、新しいミッション「一人ひとりに想像を超えるDelightを」を掲げ、エンターテインメント領域と社会課題領域の両軸で事業を展開していくことを明らかにした。

ミッションにうたわれているDelightとは「ちょっとした驚きみたいなものを伴った喜びを伝える」といった意味で、同社内では使われているようだ。

驚異の在宅勤務比率

同社の仕事は、モノを扱うことがほとんどなく、「パソコン1台とネットワークさえあれば」どこでも仕事ができるという内容のものが多くを占めている。

2020年2月から感染拡大が始まったコロナ禍では、ピーク時には在宅勤務が98％になった。感染拡大が落ち着いたいまでも、出社率は5～10％程度でリモートワークが定着している。

在宅勤務への取り組みはコロナ以前からITツールを導入し進めてきたが、コロナ禍以降は、社員全員が在宅勤務できるようにするために、社内ツールの開発やルールの変更も行ってきた。

同社では、正社員のほか、契約社員、アルバイト、派遣社員など、いろいろな雇用形態の人が一緒に働いている。

2020年2月以前は、正社員を除くと、例外的な申請をして、承認されればパソコンを社外へ持ち出して仕事ができるというルールになっていた。2月の中旬から下旬にかけては、派遣社員の人も在宅勤務ができるようにしようということで、ITの設定、運用のルールを変更。ただし、派遣元会社との契約内容を変更する必要があり、そのために人事担当者が、取引のある派遣元会社数十社と個別に調整を図り、実現することができた。

同社は、2021年8月に本社オフィスを移転した。以前のオフィスには全社員分の席があったが、移転後には全社員に対して3割程度の座席しかない。

在宅勤務が多いという前提でのオフィスづくりも、ワークスタイルの変革のひとつのかたちといえるだろう。

DeNAのIT戦略

「デジタルの力を借りて、会社に来ないとできない仕事は減らしていくという考えのもと、このところ、どこでも仕事ができるようにするということに力を入れてやってきています」と話すのは、DeNAグループの社内ITを提供する部門であるIT戦略部を束ねる大脇智洋氏。

このコロナ禍での在宅勤務によるパフォーマンスについて大脇氏は「まず、通勤にかかる時間がなくなりました。また会議の予定がどんどん勝手に入ってくるのですが、いままではビル内の会議室を移動する時間を考える必要がありましたが、在宅勤務ならミーティングボタン1つで切り替えるだけですから、ムダがありません。出社している人のほうが物理的な移動もあって、会議に遅刻したりすることもあるので、そうした移動がない分、生産性は上がっているという気がしています」と語る。

大脇氏が部長を務めるIT戦略部は、社内におけるDX（デジタルトランスフォーメーション）推進役。

所属社員は20数名、そのほとんどは中途採用のメンバーでSIerやコンサルティングファームでの経験者も少なくない。大脇氏自身、SIerとコンサルティングファーム経験者だ。

現在、ＩＴ戦略部には、ユーザーサポートグループ、技術推進グループ、業務改革推進グループ、システム開発グループの４つのグループがある。

まず、ユーザーサポートグループは、ヘルプデスクや、ＰＣ（パソコン）のキッティングを行う部隊だ。

次に技術推進グループは、オンライン会議のZoom、チームコミュニケーションツールSlack、Googleといった、いろいろなコミュニケーションツールやセキュリティツール等の導入を決め、運用・管理するチームである。

そして、業務改革推進グループは、経理や人事、バックオフィス部門が使うシステムを提供したり、業務改革を伴うようなシステムの導入、大きなシステム案件のプロジェクト管理などを行っている。

最後のシステム開発グループは、内製でのシステム開発、さまざまなシステム間連携の開発を行うエンジニアの組織である。

創業時からの内製志向

世間一般では、ＤＸや働き方改革を実行に移そうとすると、組織の中には必ず抵抗勢力がいて、そのため経営者がなかなか決断できずに、時間ばかりが過ぎていくという事例が多い。

ＤｅＮＡの場合はどうか。

「創業から20年以上経っていますが、社内には『永久ベンチャー』の精神で挑戦する、といった企業文化が醸成されています。21年4月に掲げられた新ミッションでも、ヘルスケアとか、社会課題解決といった新たな事業にチャレンジしていくことが鮮明にうたわれています。ですから、新しく変えていく、ということに対して、ネガティブな社内の反応は強くありません」（大脇氏）

もちろん、使い慣れたシステムから新しいものに変えていくにあたっては、使い勝手の変更は避けられない。そうした現場での不安を和らげるために、ＩＴ戦略部では事前に変更する理由を説明して回ることもあるという。

また、日本の企業ではほぼどこの企業でも見られるのが、ＩＴベンダーやＳＩｅｒへの過度な依存である。

しかし、同社に関しては「ＳＩｅｒやコンサル出身の人間が多いこともあって、社内ＩＴに関しては、すべて内製で進めています」と大脇氏は説明する。

ＤｅＮＡの内製志向は会社の創業時に遡る。

創業者である南場智子現会長が最初のサービスを立ち上げる際、制作を外部に委託していたが、リリースの1カ月前になっても、リリースできるレベルに達していなかった。何としても予定通りにリリースしようと必死で、エンジニアをかき集め、間に合わせた。そうした実体験がいまも根底に流れている。

クラウド型RPAサービスの展開

2020年4月、同社では、クラウド型RPAサービス「Coopel（クーペル）」の提供・販売を開始した。

このサービスは、世の中の労働力不足、という社会課題を解決するためのチャレンジである。なぜ同社が、このサービス提供に踏み切ったのかというと、RPAは日本でも2017年ぐらいから広まってきたが、一般社会人が使うのには使い勝手の良くないものが多く、RPAといいながらも、ワークフローのシナリオをすぐに作れるかというとなかなか難しい。そういう課題感を持っていた。

その点、同社はゲームに代表されるように、一般の人に楽しんでもらうためのUI（ユーザーインタフェース）／UX（顧客体験）のサービスを提供するのが得意な会社。そういう会社がRPAを作ると「こうなります」みたいなことを提起するという意味合いもある。

ペーパーレスの推進

現在IT戦略部で、働き方の改革やDXの観点からここ数年、注力して取り組んでいるのが、契約書の電子化だ。

同社では、紙の業務をなくすべく、2020年5月に、契約書の作成プロセスを電子化するシステムを導入した。

しかし、導入当初、電子化されたのは2割程度。しかも、その割合はなかなか増えていかなかった。

「ただ黙って見ているだけでは利用は増えていきません。契約金額の上限であるとか、電子署名をもらう先方担当者の職責はどこ以上でなければいけないのか、とか、社内ルールによる縛りもありました。そこで法務部門と社内調整をしながら、少しずつ緩和してもらっているところです」（大脇氏）

この契約書の電子化フローを実現するため土台になっているのが、自動化ツールである。自動化ツールといえば、まず頭に浮かんでくるのがRPA。RPAにもさまざまな種類があり、サーバー型、専用ソフトをインストールして使うローカルタイプ、DeNA自身のサービスとして提供しているクラウド型（クーペル）などがある。

同社では、RPAが世に広まるより前の2017年から導入し、それぞれのタイプを試してきた。

そうした経験からRPAに対して、次のような考え方をもっている。

「ユーザーが行う画面上の操作を自動化していくRPAの特徴ですが、クラウドサービスだと、どんどん機能が改善されていく一方で、UIがいきなり変わって、ときには、いままで取得できていたデータが突然、取れなくなるということもあります。また、ローコード、ノーコードで自動化ができるとはいえ、システムを見慣れていない人には、やはりハードルがある。現在、社内でRPAを導入していますが、Slackなどで質問を受け付けながら、われわれの部門でサポートして活用してもらっているという感じです」(大脇氏)

API連携でワークフローを自動化

そこで契約書の電子化フロー実現のために使ったのが、複数のアプリケーション間の連携が必要な様々なワークフローの自動化を、ローコードで実現するインテグレーション基盤「Workato」である。

「WorkatoはAPIを使って自動化するのが特徴。APIが、いきなり変わるということはあまりないので、インタフェースが突然、変わることもありません。APIが提供されているアプリケーションであれば、Workatoのような製品で自動化するのが便利かもしれ

ません」（大脇氏）

今回の契約書の電子化フローの自動化にあたっては、いままで契約書への捺印の申請プロセスに使っている業務改善プラットフォーム「kintone（キントーン）」と、電子署名の「Adobe Acrobat Sign（アドビアクロバットサイン）」とをWorkatoで連携処理をする。

具体的な流れでいえば、キントーンで署名の承認が下りるとアドビサインに連携され、取引先の担当者宛てに署名依頼のメールが飛び、相手が署名を済ませたら、また通知が来てキントーンにアップデートされ、最後契約書を管理するシステムに、契約完了通知が記録される、というところまでを自動化した。（※2022年春時点での連携状況）

2022年の3月時点で、ようやく5割のラインを超えるくらいまで利用が進んでいる。

「社内にはエンジニアがそろっています。『APIがあるのであれば、自分たちでコードを書いて自動化プログラムを作るよ』ということを言ってくれます。しかし、いろいろな開発案件がある中でエンジニアの人たちはやっているので、彼らの力に頼らなくとも、ノーコードで自動化できるのはとてもありがたいツールです。自動化が必要なワークフローがあって、すでにAPIが提供されているのであれば、積極的にWorkatoを活用しています」（大脇氏）

第7章

DX企業の先進事例②

DXコンサルから見た働き方改革

～Ridgelinezの事例～

Ridgelinez（リッジラインズ）は２０２０年1月、富士通グループ内のＩＴコンサルティング会社として設立。社名に富士通の名前がないことからもわかるように、ベンダーニュートラルで企業のＤＸ推進をサポートする「ＤＸコンサルティング」を行なっている。

「クライアントに価値を提供することが、われわれのバリュー。クライアントに最適なソリューションをベンダーにとらわれることなく提案しています。しかし、その一方で富士通のリソースや知見を使えるリレーションも強みのひとつにしています」

そう話すのは、シニアマネージャーの大久保知洋氏。

同社は、基本的なインフラが何もないところからの会社設立、社内ＩＴについては会計システムや人事管理システムなどの基幹システム導入から始まった。

「社内のＩＴは基本的には富士通グループのＩＴを使っていきましょうということで動き出しましたが、自分たちが働く環境ですから、より自分たちにフィットした形に持っていきたい。しかもＩＴに関する知見を持ったメンバーが山ほどいるわけで、最終的にはわれわれがオーナーシップを持って進めました」

ゼロから始めたシステム構築

同社のＩＴシニアマネージャーの林航氏は、その当時を振り返る。

ＩＴシステムの構築にあたっては、ＤＸコンサルティング会社ならではの考えがあった。まず、コンサルタント集団なので、人がどう働き、どのようなプロジェクトで何を担当するかによって、同社の仕事の成果が決まってくる。ここで最重要なのが人をマネジメントする仕組みだ。そのため人事系のサービスや、リソースマネジメントといったエリアごとに優先度をつけ整備していった。

さらに、創業から半年ぐらいすると、社内全体でＤＸをより強く意識するようになったという。

「ＤＸを実践するためには、単に作れる人がいるだけではダメ。何をビジネス価値として捉え、それをどのように業務設計し、どうデリバリーして、どう評価するか。コンサルタントを含めた全員が、ＤＸの成功体験をきちんと持っているのか。会社をイチから作っていく中で、今まさにそれが社内で実体験できるタイミングじゃないか、という声があがってきました」（林氏）

当時、社内にはまだ正式なＩＴ部門はなかった。

しかし、「会社としての面白い取り組みを学べ、実践し、その実体験を基にコンサルティングサービスをクライアントに提供できる。さまざまな経験ができる場」、そういうものに興味を持ったメンバーたちが草の根的に集まり、社内のデジタル化を進め、さまざまなトランスフォーメーションを起こしていった。

当時のメンバーは、社内ITを直接担当する社員が4〜5名、各業種担当のコンサルタントも相当数参加しており、もっとも繁忙期には、総勢30名から40名が何らかのかたちでこのプロジェクトに関わった。

UXを向上させるSaaSの繋ぎ合わせ

SaaSやPaaSといったクラウド型サービスは、業務を進めるうえでとても使いやすいツールである一方、業務に応じて複数導入した場合、導入業務が増えれば増えるほどユーザーはそれぞれの使い方を覚える必要があり、業務ごとにSaaSに入り直すという不便さも出てくる。

そこで同社では、SaaSやPaaSを繋いで新しい形の業務フロー、最適化された業務を作り上げていくという点にこだわり、工夫を重ねていった。

トランザクションシステムのサービスを導入するというときにも、例えば「Slack」のような少し遊び心あるコミュニケーションサービスと連携させてみるとか、全体からすれば些末なことでもユーザー体験を意識して進めた。

「その過程で、こんな自動化もできてしまうのか、といったさまざまなサプライズがいくつもありました」（林氏）

こうした取り組みの中で、もっともわかりやすい事例が経費精算業務だ。

同社では、世界でもっともよく使われている経費処理のＳａａＳ「Concur（コンカー）」を導入、承認レスや経費の利用事実の確認といった統制の高度化を実現しようと考えた。

その結果できあがったのが「Workatoと社内で開発したＡＩ上でコンカーの申請内容を自動判定し、間違いや不正リスクの高い申請は申請者にSlack経由でWorkatoのbotが確認を促す、一方現場の承認者向けにはWorkatoが全件自動承認し、その内容をSlackに自動出力することにより、リアルタイムで申請状況の把握・確認が可能な経費精算業務フロー」である。

このフローができあがったことで、経費精算の承認レスが可能になった。

「もちろん、これがいきなりできあがったわけではなく、ある程度の段階を踏んで進めていきました。コンカーを入れたのが２０２１年の6月ごろ。そこからまずWorkatoを使って、『一部の申請だけを承認レスにしてみましょう』とか、『Slackに承認した結果を通知しましょう』とか、そういったところから始めて、ある程度の効果を見ながら、実際にどういったフローや処理になっていれば、社内の関係者が本当に喜ばしいのか、また会社にとってインパクトがあるのかということなどを、試行錯誤しながら進めていきました」（大久保氏）

社内への正式リリースは２０２２年4月。現在は、その効果を検証するフェーズに入った。

リリースから1カ月余りが経過した時点の手ごたえについて大久保氏は次のように話す。

「コンカーだけを使った場合、決裁承認を受ける必要のある人は、マネージャー以上の役職者で、いつも忙しいという人ばかり。今回、われわれがやったことは、それらをすべて承認レスの自動化で処理し、しかもその裏側では自動で不正検知ができるというものです。安心感もあり、全体的な働き方改革に繋がったと思っています」

また、ディレクターの島田氏も「従来は、とりあえず承認、承認、承認というプロセスを、何も深く考えることなくやっていた側面もあり、その点でも、適正な業務フローにできたというところは大きい」と考える。

同社の社内システム構築においては「Slackを日々の業務の流れの中心に置き、いかにSlackに情報を流し込むか。Workatoで統合したら、botを使ってSlackからSaaSの方にアクセスして処理ができるか」、そういったところをユーザー目線から変革していくという動きを進めている。

アジャイル開発による変革

社内ITシステムをつくりあげていくなかで、同社内ではさまざまな変化があった。

このプロジェクトには、同社のコンサルタントも数多く関わっていた。そして彼ら自身が実務側のユーザーの立場でアジャイル開発の現場や、変革のスピードを体感することになったのである。

「彼らの頭には、従来型のウォーターフォール型開発しかイメージになかったと思いますが、少しずつ骨格ができあがっていくなかで、『こんなことができるの。だったら、こんなことはできないの』と開発チームに投げかけると、翌週にはそれが形になって出てくる。こうした体験を何度かするうちに、『このフローはこうしたほうが効率的になるんじゃない』というような提案もあがってくるようになっていました」（島田氏）

終盤には、こんなこともあった。

「当初は、『承認手続きですから丁寧にやらないといけない』と言って譲らないすごく真面目な人がいたのですが、プロジェクトの後半になると『島田さん、そんな面倒くさいことは止めてもっと効率的にやるようにしましょう』と、発言がもう１８０度変わったみたいな人が出てきました。そういう意味でもすごく変革を感じながら進められたという印象です」（島田氏）

成功のカギはチャレンジ精神旺盛な経営陣

同社にはITやDXの効果について通じた人が多くそろっている。しかし、だからといって、同社のようにシステムの変更や新規導入がうまく運ぶとは限らない。同社には、変革を伴うような取り組みがうまく進む要因として何があったのだろうか。

「『まずやってみなはれ』という感覚を持ってくれる経営陣、ここがすごく大きいと思います」と、島田氏。

さらに、「ある程度その領域を知っている人が『これは面白そうだ、他より優れている。やってみたい』となった場合、当社の経営陣はストップをかけない、というか『まずやってみよう。ダメだったら捨てればいい』というスタンスを取ってくれます」と語る。

また、林氏も

「私の上司にCIOがいるのですが、彼が『QCD（Quality：品質、Cost：コスト、Delivery：納期）よりも、価値を届けるスピードを意識して欲しい。QCDを意識しなくていいとは言わないけれども、品質にこだわりすぎるような従来型のプロセスじゃなくて、とにかくトライ&エラーを繰り返して、価値を検証していきましょう。必要なら途中でも方向転換すればいい。品質を作り込むために時間やマンパワーをかけるのではなく、一定程度、動くものを早く届けるという考えで取り組みましょう』と言ってくれました。その声に支えられているところもあります」と話す。

現在は社内IT専門の部門も設置され、5〜6人が在籍。その下にITベンダーから20〜30人ほど、そのほか現場のコンサルタントで継続的に関わっている人が10名弱という体制で進めている。

DXコンサルならではの気づき

同社では、コンサルタント自らDXの外販活動にプラスになるということから、社内ITの構築に深く関わってきた。その点に関して現状はどういう動きにつながっているのだろうか。

島田氏は外資系コンサルティングファームで活躍してきた実績があるが、「当時よりも、この1、2年の私自身の成長速度の方が遥かに早いと実感している」と話す。

まだまだ、従来のウォーターフォール型の発想でやっているコンサルタントが多いなか、この社内実践を通じて島田氏の思考が180度変わったと言う。

これまで、コンサルティングのスタイルというか、価値の提供の仕方は、まず「べき論」だった。

机上の論理をパワーポイント上に一生懸命、綺麗にまとめ、それをクライアントのところに持っていく。そこに価値のすべてがあるような営業スタイルだった。

しかし今は「そんなこと言っている間にも、どんどんアプローチの機会を作って、少しずつでもメリットや効果を実感してもらった方がいい」。

そのくらい、島田氏のクライアントに対するサービス提供の仕方が大きく変わってきている。

そうした変化の背景として、島田氏は「新しいテクノロジーの知見が入ってきているということもありますが、社内実践を通じてアジャイルの思考というか行動様式を学び、体感してきたからだ」と考えている。

それが血肉になっているので、クライアントに話をしに行ってアジャイルにプロジェクトを進めていくよう提案するようになってきた。

「業務コンサルタントとして、社内のプロジェクトを体感しながら、『こうやってお客様の業務を変革していけばいいんだ』と感じつつ、いろいろなテクノロジーを学べる。これが非常に大きかったと思います。私と同じように感じている業務系のコンサルタントは数多いのではないかと考えています」（島田氏）

また、Workatoを活用した経費精算業務の自動化構築を実体験したことによるインサイトから、アジャイル開発に加え、「Workato」×「Anaplan（アナプラン：計画や実行管理のＰＤＣＡを管理するＳａａＳ」×「Coupa（クーパ：従業員の支出を管理するプラットフォーム）」

といった掛け合わせによる高い価値提供も可能になりつつある。

同社は2022年、Workatoを活用し先進的な自動化の取り組みを行った全世界の企業の中から選ばれる「Unstoppable Award」のイノベーション部門を受賞。これがきっかけとなって、新たなお客様との商談につながったというケースも生まれた。社内実践から培った経験に基づく提案は、外販においても実績を生み始めた。

DXの〝X〟は何か？

日本の企業には、SaaSやPaaSを導入したいと考えている企業でも、レガシーシステムや古い仕組みがあり、いきなり変えることはできないというところが少なくない。これまで築いてきたインフラがあまりにも重すぎて、変革に向けた動き出しさえできない企業もある。

また、変革に対する抵抗感を持っているいわゆる〝抵抗勢力〟が社内のさまざまなところにいることもある。「役員は変革したい。部長級の人もやりたい。しかし実務に直接携わっている人がやりたがらない」といったケースもある。意識変革ができていないのが日本の会社の実情だと指摘する。

「DXと言いつつ、システムを入れ替えているだけの会社。そういうクライアントも多いという印象があります。単にERPを入れているだけで、『DXの〝X〟の部分って一体何なの？』という問いに答えられない、そういうクライアントも少なくありません」（林氏）

同社ではこうした企業に対し「デジタル中心に話していくと、デジタルを入れるのが目的という話になる。〝X〟にまずフォーカスし、どう変えたいのか、どうしたいのかをきちんと議論することが重要」と提案を勧める。

新型コロナウイルス感染拡大により、働き方が変容した。大きいところでは、リモートワークの定着が挙げられる。

島田氏はリモートワークによる生産性への影響について、プラスとマイナスの両面があると指摘する。

「プラス面は、対面前提の面談からリモートになったことで、移動時間を考える必要がなくなったこと。マイナス面としては、リアルではめったに設定されなかった多人数でのミーティングが増えてしまった。しかし、従来型の対面型がどんどん減っていくというベクトルは変わらない」

そうした動きに対し林氏は「もう元には戻らない。非対面のコミュニケーションの中で、いかに人と人が心を通わせることができるか、そのための工夫をどうかたちにできるのか。その部分で、デジタルはいろんな仕掛け作りに貢献できるのではないか」と考えている。

データドリブン企業へ

同社では、今後の社内ＩＴの大きなテーマとしてデータドリブンがある。

「今はWorkatoを通じていろいろなプロセスが繋がり、データを1カ所に集めることができるようになりました。さらにＢＩ（ビジネスインテリジェンス）ツールを使って可視化してダッシュボードを構築しました。しかし、そうしたデータをエンジニア以外の特に業務担当の人たちが使いこなすというレベルにはまだ達していません。エンジニアでなくても、デジタルを使いこなし、自分たちの働き方を変えていく。そういうカルチャーを早くつくっていきたい」（大久保氏）

また林氏は次のように考えている。

「コンサルティングの商談のデータ、Salesforce等々で持っているデータ、あとはスキル情報やキャリア志向といった人に関するデータ。われわれはコンサルティングが本業ですから、単に商談マネジメントするだけのものではなく、それぞれのデータを組み合わせてどういうプロジェクト陣営が最適なのかということを定量的にきちんと判断できるものにする必要があります」と。

DX成功モデルの第一人者になる

DXコンサルタントの部分では、2方向の課題認識があると、島田氏は考える。

ひとつは生産性向上のための支援。

「クライアントの業務は、まだまだアナログ、手作業、そのほかにもいろいろな非効率な業務が山のように残っています。私の専門であるバックオフィス系ではそういう非効率な業務が、ホワイトカラーの生産性を低くしていると言われています。デジタルの力を利用し、効率化、自動化は言うまでもなく、データに基づく経営判断ができるような仕組みづくりの支援をしていきたい」

もうひとつはDXに即したコンサルテーションモデルの確立だ。

〝X〟を提案するのに、はたしていつまでも、「業務コンサルタントがパワーポイントで一生懸命資料を作り提案し、途中からシステムコンサルタントが入って時間をかけてかたちにしていく」という従来型のモデルでいいのか。

「われわれは、自社内のITシステムを構築するなかでDXを実践するための開発の進め方を実体験してきました。その経験を生かし、業務コンサルタントとシステムコンサルタントが最初から一緒に入り、変革のモデルをパワーポイントで説明しながら、同時に『こんな形にできるんですよ』というデモを見せ変革を促していく。これができれば、コンサルティング業界が全体的に変わっていくのではないか」

リッジラインズはこのモデルの第一人者になるべく、日々試行錯誤している。

Ridgelinez株式会社

Ridgelinezは戦略から実行までを支援する総合プロフェッショナルファーム。変革の中核となる「人」を起点にした独自の先見力によって、持続的な未来を創造するパートナーとして社会に貢献する。

お問い合わせ

Ridgelinez株式会社
URL https://www.ridgelinez.com
Mail info@ridgelinez.com
Tel. 03-5962-9391（受付時間8:45～17:30）

第8章

Workatoビジョン

ヴィジェイ・テラ（Vijay Tella／Workato創業者・CEO）インタビュー

われわれが考えるDXは、企業がどのように仕事をしていきたいのか、それを定義し、そのニーズを捉えていき、それを叶えるものです。

DXには、内部的なものと、対顧客やパートナー企業に対する働き方という外部との関わり、という両面があります。

まず、全般的な仕事のやり方自体を変革していくためには、よりつながり、コネクションを持つことができるようにネットワークに接続され、そしてよりエンパワーメントを与える働き方に変わっていく必要があると考えています。

これまでは、どちらかといえば、専門性の高い部門、テクニカルな人たちは専門的なことだけをやる、もしくはSI関連、SIerであれば、そういった専門領域のみをやっていました。しかし、それだけではどうしても、変化・変革を実現するのに時間がかかってしまいます。

いま日本中に巻き起こっているDXのムーブメントは、より多くの人たちに力を与える、権限を与える、エンパワーメントする、そういうものだと考えています。もちろんその専門の知識や経験知を持ち、業務を担ってくれるパートナー企業は変わらず必要ですが、以前よりも社内の人たちに業務をする上での権力を与え、彼らが持っているアイデアをデジタルの力で実現していく、そうすることによって働き方も変わっていくと考えています。

次に、データやツールの共通の基盤を持つことです。

この仕組みが整っていれば、社員全員があらゆることに参画できるようになります。つまり、働き方の民主化、デモクライタイゼーション（democratization）です。これはローコード開発ということも含めて、それがあることによって全員が行うことができるという意味での民主化になります。またアダプタビリティ（adaptability）、適応性も非常に重要になっていきます。マーケットは絶えず変化し続けていますから、それに適応していく順応性が、働き方改革においては大きな鍵になってくると思っています。

それは働き方そのものにも影響を与えます。これまでは、ごく限られた範囲の業務、タスクにフォーカスした働き方（タスクベース）でも済んでいたわけですが、より広範囲なプロセスにフォーカスできるようになり、その結果、エンド・トゥー・エンド、つまり一気通貫で事業全体を見ることができるようになると考えています。

時代とともに変化する働き方

ではなぜ、こうした変化が求められるようになっているのか。

その要因としては2つ、一つが外部的なもの、もう一つに内部的なものがあると考えています。

外部的なものというのは、要するに、いま、企業に対して影響を与えている市場からの圧力やプレッシャーです。お客様からの期待値が非常に高いということです。そのためには「働き方をよりスマートなものに変える」、「製品を迅速により良いもの、より体験知が高いものに進化させ、より安価で、より早く届ける」、といったことに応えていかなければなりません。現在、市場はそうした変化に対して高い期待値を持って動いており、企業はある意味、変化が強制された環境にあるといえるかもしれません。

もう一つの内部的な要因ですが、若い世代の社員の人たちが昇進・昇格していく中で、社内の中での経験値の何が受け入れられ、何が受け入れられないのかという、その定義や基準が最近大きく変わってきているということです。

生まれながらにデジタルネットワークやデジタルツールに囲まれながら育ってきたいまの若い世代は、ふだんの生活の中で、便利で使いやすいツールを通してテクノロジーを使いこなしています。しかしながら、こと仕事に関しては、扱いづらく柔軟性も低いツールで仕事をしなければいけないという環境に置かれています。些細なことでも、システムの開発に関わり、専門知識を持っているＳＩｅｒに確認しなければ何も先に進まなかったりすることも多く、そうしたことに大きなもどかしさを感じてもいます。

自分たちが「こうしたい、こうすべきだ」と思っても、実現できるような環境や仕組みが備わっていないことに対する、若い社員たちの変化を求める思いには強いものがあると思っています。

DXを成功に導く4つの柱

DXにおいては、四つの柱があります。

一つ目が従業員体験です。働き方の未来、イコールDXにつながってくるわけですが、それが一つ目の柱になります。

二つ目としては顧客体験。一気通貫のエンド・トゥー・エンドで、お客様への提供価値を実感してもらうことです。

三つ目が、社内業務での部門連携。財務、人事、IT、それぞれの事業部門がより効率的かつムダのないかたちで、よりスマートに仕事を進めていくということです。

そして最後が、エコシステム。企業が業務を完遂するうえで、すべての業務は、SIerや他社のサービスプロバイダーとつながっていますが、これがエコシステムになっていること、これが四つ目の柱です。

いまデジタライゼーションへの動きが活発化しています。その変革の中での重要な一部がDXであり、四つの柱すべてに渡って起きているのだと考えています。

外部依存の比率が高すぎる日本

日本と米国、そして欧州とでは、仕事のやり方、テクノロジーの使い方にはさまざまな違いがあります。

日本では、まず外部のＳＩｅｒに非常に大きく依存しているという点があるように思っています。ＩＴの大部分が、アウトソーシング、ＳＩｅｒへのアウトソーシングというように定義されているのではないか、というようにすら感じることがあります。

それに比べて米国や欧州は、もちろんＳＩｅｒも重要な役割を持ってはいますが、内部のチームにも一定以上の権限や技術、能力があるので、そのバランスが非常にうまく取れています。内部対外部のＳＩｅｒの比率を見ると、欧米諸国は50：50ぐらいでしょうか。一方、日本企業の場合、25：75程度、あるいはＳＩｅｒへの比重がそれよりも大きい場合もあるのではないかと思っています。

ＤＸというのは内部のＤＸだけではなくてパートナー企業も含めたもの、つまりエコシステム全体に渡っての変革が重要なポイントになるわけですが、内部の比重が少なければ少ないほど（＝ＳＩｅｒへの比重が大きければ大きいほど）、ダイナミックなトランスフォーメーションが求められるのではないでしょうか。

二つ目として、外部やアウトソーシングに依存しているというところとも関連していますが、社内の部門責任者がＳＩｅｒの業務内容を他人事、あるいはブラックボックスとして考えてしまっているのではないか、ということです。

私はデジタル体験というのは、イコール仕事の透明性の向上だと考えています。

その意味で部門の責任者は、ＳＩｅｒがどのような仕事をしているのか、どのようにその仕事を実施・実行しているのかというのを見ていなければいけない。これまでブラックボックスとして放置していたものを、より協業的な見方に変えて、相互関連性があるということを理解しなければいけないと思っています。

日本は、欧米諸国に比べ、ＤＸにおいて遅れを取っているといわれています。

これは日本にとって大きな課題でもありますが、反対に大きなチャンスでもあると思っています。

米国では、オンプレミスからクラウドの1世代目、そして2世代目のクラウドに変化を徐々に遂げています。2世代目というのは、デジタルネイティブだったり、サーバーレスの世界であったり、ユーティリティ型のモデルであったりしていますが、私は1世代目を抜かしていきなり2世代目に飛ぶことができると思っています。日本企業には、余計なステップをカットして、より早く2世代目に到達できるというチャンスもあると考えているわけです。

DXを成功させる2つの条件

DXを実現するためには、二つ、大きなことが必要になると考えています。

一つ目としては、会社の今後の戦略にも関わってくることですが、将来ビジョンに対して、すごく魅力的なアイデアをもっている社員、会社を変えていくチェンジ・エージェント的な人たちに対し、一定のエンパワーメント（権限移譲）をし、彼らが活躍できる場を与えていくべきだと思っています。

これはトップダウンではなくて、チーム全体に対して課題を投げかけて、その中から台頭してくる優秀な人材たちに、民主化を可能とするツールやテクノロジー（ローコードツールはその一例）が自由に使える環境を与えるということです。そうすれば、必要以上に外部の人材（SIer）に頼る必要もなくなっていきます。

2点目が、透明性です。

従来のやり方では、SIerに要件定義を渡してしまえば、その後は、どのように達成するのかというのはまったく見えない状態になっていたと思います。それに対して、どのように要件を実現していくのか、そのプロセスや工程をすべて開示していく、つまり透明性を確保していく。部内全員がその内容を理解することにより、外部の人たちとのさまざまなコラボレーションも可能になっていくと考えています。

もちろんその中では、テクノロジーのソリューションを活用することが大前提になります。ワークフローシステムやコラボレーションツール、その中の代表的なものとしてSlackがありますが、それらを活用して、社内の人たちもＳＩｅｒも同じ土台の上に立って、お互いを理解してそれを協業に変えていく。

われわれが提供している「Workato」は「レシピ」という概念を持っています。これはビジネスのやり方だったり、プロセスや物事の流れを自然言語処理的につないだものですが、内部の社員もＳＩｅｒも、このレシピを使って共通言語で理解することによって、本来的なコラボレーションというものが可能になっていきます。

エンパワーメントと透明性、これによりＤＸの土台ができ、最新のツールやテクノロジーの力によってそれを加速させていく。また、新しい世代の人たちというのは、まさにこういうものを求めていると感じています。

日本企業のＤＸが遅れている理由

いま現在、日本は欧米諸国に比べて、ＤＸ、デジタル化で大きく後れをとっています。その後れはどうすれば取り戻すことができるのか。まずそれには、意識を上げるということが大事だと考えています。

それはどういう意識なのかというと、今日の世界の中で何が可能なのか、それを知ることだと思います。生活者が使っている日常的なテクノロジーもそうですし、リテールの世界でもそうです。とくにプライベートの生活の中で使っているようなテクノロジー、これは本当に便利に使えるものとしてどんどん進化しています。

これまでの感覚では、ともすると、プライベートとビジネスの世界は別のものと考えてしまいがちですが、いまはもうそういう時代ではなく、企業が提供する製品や体験の領域に持ってくることが十分にできるということを知る必要があると思っています。

日本企業の中には、古い基幹システムで長くビジネスを展開してきたため、めざすべきDXの世界に到達するまでに、相当の時間やコストがかかってしまうと思い込んでしまっているところが多いような気がします。

しかし、そのようなことはありません。

レガシーシステムはそのままで、その土台の上にモダンなシステムを実装して成功している会社の例がいくつもあります。実際のところ、従来のシステムを走らせながら、オートメーションの仕組みを導入し、新旧が混在した状態の中で徐々にシフトしていき、DX化をうまく進めている事例のほうが多いように感じています。

ですから、アプリケーションを徐々にシフトしていき、古いものをデカップリング（分離、切り離し）していくということももちろん可能です。旧来のシステム上でオートメーションの仕組みを導入し、新しいシステムにアプリケーションを実装した場合でも、オートメーションはそのまま機能させることができます。つまり、既存のものの上に新たなシステムを構築し、ビジネス運営にとってリスクの少ない状態で移行（マイグレーション）させることができるのです。データにおいても、ビジネスプロセスにおいても、旧システムを走らせたまま新しいシステムへ移行していくやり方が、ＤＸ化を成功に導く最善の方法になると考えています。

「統合」と「自動化」のムーブメント

日本には二つの大きなムーブメントがあると見ています。

一つがレガシーシステムを現代化したい、クラウドに移行したいという動き、より現代的に、そしてより大衆化されたものにしていこうという流れです。これを可能にするのが、システムを統合し（インテグレーション）、そしてそれを移行（マイグレーション）していく、ｉＰａａＳ（Integration Platform as a Service）です。

二つ目がオートメーション。仕事のやり方の変革には自動化が必要です。ビジネスプロセスのやり方そのものも、オートメーションによって変わっていきます。

この２つの大きな流れの、その交差点にいるのがWorkatoです。われわれは、インテグレーションおよびオートメーションプラットフォームとして、既存のシステムとつながりながら移行（マイグレーション）を行うことができます。また、そもそもWorkatoという名称は、ワークフローオートメーションの略ですから、Workatoにより、オートメーションのモダナイゼーション（現代化）、インテグレーションも可能になります。

いま、レガシーの現代化、そしてDXという流れが、集束している、合流してきていると感じています。二つの動きが同じところへと集束してきていて、われわれはまさにその合流地点にある存在であり、ローコードのインテグレーション、オートメーションプラットフォームとして、日本の企業が必要としているニーズに対して適合できると考えています。

Workato誕生の経緯

先ほどWorkatoの立ち位置をお話ししました。ここであらためて、私のバックグラウンドもお話ししておきたいと思います。これまで私はインテグレーションの領域にて仕事をしておりました。

クラウドサービスを提供する「TIBCO」という会社を創設していますが、これは初のインテグレーションプラットフォームとして構築したものです。その後、一般ユーザ向けのビジネスである、動画シェアのアプリを開発する「Qik」の事業にもＣＥＯとして携わりました。この事業での経験から、私自身、一般消費者向けの視点の大切さを持つようになりました。それまでは純粋にシステムという観点からのアプローチでしたが、システムを活用する側からの視点も加わっていきました。

そうした私自身の経験の中から、Workatoは生まれました。

会社というのは常にビジョンを持っています。そして、そのためには働き方も変えていく必要があります。

そこに対して、われわれは、どのように協力できるのかというところが、Workatoのすべての起点になっています。そこには実際にシステムを活用するユーザの視点がしっかり入っているわけで、それによってシステムの現代化や、エンパワーメントが可能になるという確信を持っていました。しかし、それと同時に、基盤となるシステムや、セキュリティ、パフォーマンスなども確実に保証しなければなりません。

そのため、ローコードのオートメーションとワークフローオートメーション、およびインテグレーションプラットフォームを作り上げることになりました。すべての部門に対してワークフローをオートメーションしていくわけですが、同時にｉＰａａＳという基盤の上に成り立っているものとしてスタートしました。

Workatoを活用しているグローバル企業

２０２０年初頭から新型コロナウイルスが世界中にまん延し始め、さまざまな分野でビジネス展開に影響を与えてきました。そうした環境変化が著しいなか、Workatoを導入し、ＤＸに向けて効果をあげた事例がいくつもあります。

その一例をいくつか紹介しましょう。

ボストンを拠点に、ローコードのアプリケーション開発プラットフォームを提供するQuickbaseという会社があります。

同社では「Workatoを使い始めて以来、アイデアに対してノーと言わずにすむようになった」そうです。

Workatoにより社内のあらゆるやり取りが自動化され、従来、素晴らしいアイデアであっても、社内のなんらかの事情で「ノー」にせざるを得なかったものがあったのですが、それらに対してもすべて「イエス」と返事をすることができるようになったというのです。

その結果、アイデアの発案者がＣＩＯやＣＤＯに昇進したという話もあるようで、彼らの人生にインパクトをもたらすことができたというのも、私たちとしては喜ばしい限りです。

次にインテグレーションを提供しているユーザ企業の話になります。彼らはｉＰａａＳ

のこともすべて理解しており、インテグレーションを使いこなしている人たちなのですが、Workatoを使い始めて以来、「インテグレーションという仕事、その業務自体が喜びに変わった」と言ってくださっています。

同社では、インテグレーションの仕事をする上で、喜びや楽しいという感情がすごく大事だと考えていて、そうした気持ちがないと、バックログへの心配が常にあり、その対処も考えておかなければいけないというイライラが募ったりする中で、モチベーションを維持するのが難しい仕事だと話していました。Workatoの導入により、バックログの解消も早くすみ、コラボレーションも可能になっていく。日々の仕事に対するモチベーションも向上し、それが全社の活力にもなっている、という話も耳に届いています。

レストラン向けのＰＯＳ端末を提供している会社のケースは、もっとダイナミックな事例です。２年前に新型コロナウイルス感染拡大が始まって、顧客であるレストランのほとんどが閉店になっているような危機的状況になりました。その中で社員の半分ぐらいの解雇をしなければいけないという状況に陥ってしまったのですが、そうした状況下でもWorkatoの利用を拡大し、ビジネス反転のきっかけをつかむことができたというのです。

どうしてそういうことになったのか、興味を持って聞いてみたところ、２つの要因がありました。一つはより少ない人材でより多くのことをしなければいけなくなったということ、あともう一つが、会社自体の事業のやり方を変革したということでした。これまでは単なるレストラン向けのPOS端末の販売会社だったのですが、Workatoを活用して、レストラン向けのERP、あるいはファイナンシャルサービスを提供する会社へと、ビジネスをシフトさせました。Workatoの特徴のひとつに、ワークフローの自動化のもとになる「レシピ」がありますが、このレシピにより新たなビジネスプロセスを定義し、ワークフローに取り込んだのだそうです。このビジネスシフトにより、Workatoの使用が2倍ぐらいに増えました。

「なぜ、そこまでのことができたのか」、同社に聞いてみたところ、顧客のレストランがどんどん閉店し、人員を減らす必要に迫られた中で、最後まで彼らが使っていたテクノロジーがWorkatoだったということでした。会社がどんな状況になっても、手放すことのできないものだったため、そこから発想の転換につなげることができたのでしょう。

もう一つが、アジアでライドシェア（相乗り）のアプリを展開している会社のケースです。同社も新型コロナウイルス感染拡大の影響で、8割がた事業が死んだも同然の危機的な状況に陥っていました。そこから単なるライドシェアのサービスだったものを、医療従事者の移動手段として使えるようにしたり、ファイナンシャルサービスを提供したり、ライドシェアアプリからスーパーアプリへと転換していきました。Workatoとともに事業のやり方を変え、事業をさらに拡大することができました。

危機的な状況に陥っていた会社ほど、Workatoの力で迅速に変革を遂げることに成功しています。われわれのWorkatoはゲームチェンジャー的な役割を果たすことができる存在であると、その思いを強くしています。

日本が世界をリードする

日本はこれまで長きにわたってイノベーションを世界に示してきました。すばらしいテクノロジーの数々や体験の数々を世界に披露してきた歴史があります。まだまだ日本は経済大国のひとつです。いまの日本のビジネスパーソンに対しては、そのルーツに立ち戻ってほしいという思いがあります。変化や変革を恐れずに受け入れ、そして、それらを歓迎してほしいと思っています。

いま、世の中には変化や変革を実現するためのすばらしいテクノロジーやプラットフォーム、アプリケーションがたくさんあります。社員にエンパワーメントをし、業務フローの透明性を高め、これらを活用していけば、DXやデジタライゼーションの遅れをまだまだ取り戻すことができます。日本が再び、世界のビジネスリーダーになることができると考えています。

おわりに

Workato Japan創業者・Automation Evangelist
鈴木浩之

弊社は、ＤＸの１つのテーマにもなっている自動化領域のサービスを提供しています。本書を手にとって頂いた皆様が、自動化の可能性についてワクワクしたり、新しい気づきが提供できたのであれば嬉しく思います。

日本では「ＤＸ」という言葉だけがバズっており、ＤＸの本質を見誤った解釈や目的が散見され、企業における〝ＤＸ疲れ〟も心配されるような状況に感じます。ＤＸは、企業自身が、デジタル技術・サービスを利用し、環境変化に適合した職場環境を実現したり、従来実現出来なかったサービスや機能を創出したり、従来とは異なるプロセスによる効率的かつ効果的な業務を実現したり、従来にはなかったエンゲージメントの機会を創出し、ビジネスモデルを変革したりと様々なアイデアを考え、スピーディかつアジャイルで実装し、改善を継続的に行えるような組織と考え方を全従業員が持つ必要があります。ＤＸ推進を、ＩＴ部門や

DX担当部門に全て任せるのではなく、経営者が全社にDXの本質を全社に浸透させ、改善や改革のアイデアの芽を息吹かせる文化を根付かせることが重要です。その上で、そのアイデアを限られたリソースで、スピーディかつコストをかけず検証し、具現化していくというアプローチが重要になってきます。

米国では、このような背景から、民主化されたツールで、既に存在するアプリケーションやサービス（APIを含む）をクラウド上で組み合わせて、実装を行うという考え方にシフトしました。今後、日本においても様々なSaaSが爆発的に増加すると思われます。そうなれば、ゼロから開発するのではなく、それらSaaSを組み合わせて、自社に適した業務プロセスを実現することができるようになります。

本書を手に取って頂いた皆様が、DXは難しく考えるのではなく、日頃から身の回りにあるデジタル技術に興味を持っていただき、この技術を自社の業務に使ったら面白いのではないかといったアイデアを考え、皆様の会社で変革のムーブメントをおこす先駆者となって頂けることを期待しております。

［著者］

足立光（あだち・ひかる）

P&Gジャパン、シュワルツコフ ヘンケル 社長・会長、ワールド 執行役員、日本マクドナルド 上級執行役員・マーケティング本部長、ナイアンティック シニアディレクター プロダクトマーケティング（APAC）等を経て、2020年10月よりファミリーマート初のCMO（チーフ・マーケティング・オフィサー）に就任

大久保光伸（おおくぼ・みつのぶ）

FinTech分野において官民連携を担うパラレルワーカー。金融持株会社ではCTOとしてデジタル戦略を担当。東京都外国企業誘致事業 メンター、外務省 CIO補佐官、財務省 CIO補佐官など歴任。2021年１月から金融庁 参与を務める

鈴木浩之（すずき・ひろゆき）

2018年よりWorkatoを日本市場に紹介、iPaaS市場の開拓を行う。Workato株式会社の創業メンバー

長谷川秀樹（はせがわ・ひでき）

1994年アクセンチュア入社。2008年東急ハンズに入社後、情報システム部門、物流部門、通販事業の責任者として改革実施。2013年ハンズラボを立ち上げ代表取締役社長就任（東急ハンズ執行役員兼任）。2018年ロケスタを立ち上げ代表取締役社長に就任。2018年10月、メルカリ 執行役員就任。2020年コープさっぽろ CIOに就任。その他複数社のCIO兼務

SaaS時代のDX――一流企業の働き方

2023年２月14日　第１刷発行

著　者――足立光・大久保光伸・鈴木浩之・長谷川秀樹
発　売――ダイヤモンド社
〒150-8409　東京都渋谷区神宮前6-12-17
https://www.diamond.co.jp/
電話／03･5778･7240（販売）
発行所――ダイヤモンド・リテイルメディア
〒101-0051　東京都千代田区神田神保町1-6-1
https://diamond-rm.net/
電話／03･5259･5923（編集）
ブックデザイン／挿画―青木 汀（ダイヤモンド・グラフィック社）
印刷／製本――ダイヤモンド・グラフィック社
編集担当――髙浦佑介

ISBN 978-4-478-09085-5